家庭体育理论与方法研究

毛军平　著

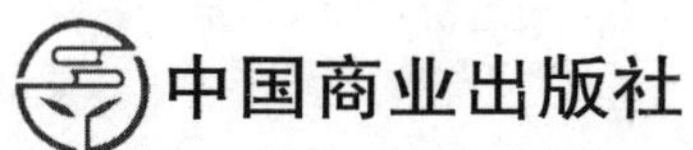

图书在版编目（CIP）数据

家庭体育理论与方法探究 / 毛军平著. -- 北京 :
中国商业出版社, 2022.6
ISBN 978-7-5208-2069-1

Ⅰ. ①家… Ⅱ. ①毛… Ⅲ. ①家庭-体育活动-研究
Ⅳ. ①G8

中国版本图书馆 CIP 数据核字（2022）第 102577 号

责任编辑：李 飞
（策划编辑：蔡 凯）

中国商业出版社出版发行
（www.zgsycb.com　100053　北京广安门内报国寺 1 号）
总编室：010-63180647　编辑室：010-83114579
发行部：010-83120835/8286
新华书店经销
中闻集团山东印务有限公司印刷
*
787 毫米×1092 毫米　16 开　8 印张　175 千字
2022 年 6 月第 1 版　2024 年 4 月第 2 次印刷
定价：60.00 元
*　*　*　*
（如有印装质量问题可更换）

前 言

家庭是保障学生参与家庭体育锻炼的关键，是家庭体育最后的保障。家长要从根本上转变“重智育、轻体育”的观念，对学校开展的各项体育活动高度认同，自身带头参加锻炼，言传身教，积极营造家庭体育氛围，努力打造家庭体育文化，培养孩子良好的锻炼习惯，促进孩子身心健康发展。强化家庭体育锻炼是贯彻《“健康中国2030”规划纲要》的基本要求、是新时期落实全民健康目标的新呼唤，也是学生运动习惯养成和身心健康促进不可或缺的重要一环。落实政策导向，切实转变观念，形成家庭、学校和社会联动机制，广泛开展家庭体育活动，是实现健康中国伟大梦想的重要途径。

本书从家庭体育研究现状进行分析，总结出家庭体育现阶段的特点，并提出相应的建议和可行的策略，为家庭体育今后更深一步的研究奠定了基础。家庭体育是我国社会形态的一种，其主体是家庭成员，主要目的是满足家庭成员的各种运动需求，并且能够在共同运动的过程中增进家庭成员的健康，同时还能活跃家庭氛围。家庭体育的推广能让家庭成员在特定的时间聚集，交流感情的同时还能形成良好的锻炼习惯，这相对于普通的体育活动来说更有意义。如果能够充分发挥家庭体育的功能，那么每个家庭的家庭生活将会更加丰富多彩。家庭体育给家庭和社会带来的不仅是健康和快乐，更多的是增强全民体质，有利于中华民族素质的全面提高，这将更有利于社会的安定、人们的团结。

本书由杭州科技职业技术学院毛军平独立撰写完成。

为了提升本书的学术性与严谨性，在撰写过程中，笔者参阅了大量的文献资料，引用了诸多专家学者的研究成果，因篇幅有限，不能一一列举，在此一并表示最诚挚的感谢！由于时间仓促，加之笔者水平有限，书中难免有不足之处，希望各位读者不吝赐教，提出宝贵的意见，以便笔者在今后的学习中加以改进。

作者

2022 年 3 月

目　录

第一章　体育与健康

第一节　健康与体育锻炼

“生命在于运动”，这句话很好地诠释了体育锻炼对于保持健康的重要性，人类通过体育锻炼达到强身健体、延年益寿的目的。拥有一个健康的身体是每个人的愿望。下面就将对健康的概念和标准，以及体育锻炼对健康的作用等进行简要的阐述。

一、健康概述

（一）健康的概念

1948 年，世界卫生组织（WHO）首先提出了健康的概念，认为“健康不仅是免于疾病和衰弱，而且是保持身体、精神和社会适应方面的完善状态”。1974 年，世界卫生组织对健康的定义是：“健康是人的肉体、精神与社会的康乐的完善状态，而不仅仅指无疾病或无体弱的状态。”1979 年，世界卫生组织又在《阿拉木图宣言》中重申：“健康不仅是疾病和体弱的匿迹，而且是身心健康、社会幸福的完美状态。”

近年来，世界卫生组织再次将健康的概念外延拓宽，即把道德修养和生殖质量也纳入健康的范畴。将道德修养作为精神健康的内涵，其内容包括：健康者不以损害他人的利益来满足自己的需要，具有辨别真与伪、善与恶、美与丑、荣与辱等是非观念，能按照社会行为规范准则来约束自己以及支配自己的思想和行为。加强道德修养不仅对自身健康有益，也对社会文明、人类长寿大有裨益。生殖健康是指人在生殖过程中，生理、心理和社会关系等方面都处于良好状态，妇女可以安全地经历妊娠和分娩，出生的婴儿能存活并健康成长。生殖健康这个新概念把生殖问题从单纯的医学范畴扩展到经济、社会等更加广阔的领域。把生殖的健康与整个社会的发展、人口的增长、人的生命素质以及全人类的共同进步等重大问题紧紧地联系在一起。

根据生物、心理、社会等多种因素对体育与医学的渗透和对健康的影响，世界卫生组织精辟地指出：健康乃是人在躯体上、精神上和社会上的完美状态，而不仅是没有疾病和衰弱状态。人的健康是同生物的健康、心理的健康、社会的健康、道德的健康、生殖的健康五个因素联系在一起的。目前，世界各国学者公认它是一个全面的、明确的、广泛适用的科学的健康概念。

（二）健康的标志和表现

我国医学专家认为，健康的表现包括四个方面。①身体各部分发育正常、功能健全，没有疾病。②体质状况好，对疾病有高度的抵抗能力，并能吃苦耐劳，担负各种艰巨繁重的任务，能经受多种自然环境的考验。③精力充沛，能经常保持清醒的头脑，全神贯注，思想集中，对工作、学习都有较高的效率。④意志坚定，情绪正常，精神愉快。

世界卫生组织提出“五快三良好”的健康表现。“五快”是针对生理健康而言的：①吃得快，是指胃口好、不挑食，吃得迅速，表明消化功能正常。②便得快，是指上厕所时很快排通大小便，表明胃肠功能良好。③睡得快，是指上床即能熟睡、深睡，醒来时精神饱满、头脑清晰，表明中枢神经系统的兴奋、抑制功能协调，且内脏不受任何病理信息的干扰。④说得快，是指语言表达准确、清晰流利，表明思维敏锐，反应良好，心肺功能正常。⑤走得快，是指行动敏捷自如，表明运动系统功能良好。“三良好”是针对人的心理健康而言的：①良好的个性，是指性格温和、意志坚定、感情丰富、胸怀坦荡、心境达观，不为烦恼、痛苦、伤感所左右。②良好的处世能力，是指沉浮自如，客观观察问题，具有自我控制能力，能适应复杂的社会环境，对事物的变迁保持良好的情绪，常有知足感。③良好的人际关系，是指待人接物宽和，不过分计较小事，能助人为乐、与人为善。

此后，世界卫生组织又总结并确定了人群健康十项标准，它们是：①精力充沛，能从容不迫地担负日常繁忙的工作；②处世乐观、态度积极，乐于承担责任，事无巨细；③善于休息，睡眠良好；④应变能力强，能适应环境的各种变化；⑤能抵抗一般的感冒和传染病；⑥体重适中，身材匀称，站立时头、肩、臀位置协调；⑦眼睛明亮，反应敏捷，眼和眼睑不发炎；⑧牙齿清洁，无龋齿，不疼痛，牙龈颜色正常，无出血现象；⑨头发有光泽，无头屑；⑩肌肉丰满，皮肤有弹性，走路轻松。

（三）亚健康状态

世界卫生组织的一项全球性调查表明，全球总人口中真正健康的人占5%，患有疾病的人占20%，而其余75%左右处于非健康、非疾病的中间状态。这种处在健康和患病之间的过渡状态，世界卫生组织称其为“第三状态”，国内常常称之为“亚健康”状态。具体地说，亚健康是指机体在内外环境不良刺激下引起心理、生理发生异常变化，但尚未引起器质性损伤，医学检查所得各项生理、生化指标均无明显异常，无法作出明确诊断。亚健康状态在心理上表现为精神不振、情绪低沉、反应迟钝、失眠多梦、白天困倦、注意力不集中、记忆力减退、烦躁、焦虑、易惊等。在生理上表现为疲劳、乏力、活动时气短、出汗、腰酸腿疼、心悸、心律不齐等。“第三状态”处理得当，则身体可向健康转化；反之，则患病。

造成亚健康状态的原因很多，主要有以下四个方面。

过度紧张和压力：研究表明，长时期的紧张和压力对健康有四害：一是引发急、慢性应激直接损害心血管系统和胃肠系统，造成应激性溃疡和血压升高、心率增快、加速血管硬化进程和心血管事件发生；二是引发脑应激疲劳和认知功能下降；三是破坏生物钟，影响睡眠质量；四是免疫功能下降，导致恶性肿瘤和感染机会增加。

不良生活方式和习惯：如高盐、高脂和高热量饮食，大量吸烟和饮酒以及久坐不运动是造成亚健康的最常见原因。

环境污染的不良影响：如水源和空气污染、噪声、微波、电磁波及其他化学、物理因素污染是防不胜防的健康隐性杀手。

不良精神、心理因素刺激：这是心理亚健康和躯体亚健康的重要因子之一。

（四）影响健康的因素

影响健康的因素很多，但总结起来有以下几点。

卫生服务因素对健康的影响：卫生服务是保证人类健康极为重要的因素，是人类征服疾病、控制疾病的重要措施。一个国家、一个民族，要求得生存发展，国民必须具有健康的身体，这是一个基本条件。要保证国民的身体健康，国家和社会就需要加强卫生服务，体现在医疗政策、制度和经费保障，人力、物力、财力的投资力度。如近年来，我国人口的发病率、死亡率及人均预期寿命等多项健康指标，已经达到或接近世界发达国家水平。

1978 年，世界卫生组织在《阿拉木图宣言》中提出的“初级卫生保健”是实现“2000 年人人享有卫生保健”战略目标的关键。初级卫生保健是最基本的卫生保健制度，它的特点是能针对本区域人群中存在的主要卫生问题，相应地提供增进健康、预防疾病、治疗伤病以及促进身心健康等方面的卫生服务。例如，开展有针对性的健康教育，提供安全饮用水和基本卫生设施，改善食品供应及合理营养，开展妇幼保健和计划生育、地方病的预防和控制、常见病和外伤的妥善处理、主要传染病的免疫接种，提供基本药物等。这样，就使所有个人和家庭在能接受和能提供的范围内，享受到基本的卫生保健。

行为和生活方式因素对健康的影响：行为和生活方式是指人们长期受一定的社会、经济、文化、民族、家庭等因素影响而形成的一系列比较固定的生活习惯、生活制度和生活意识。

良好的个人行为和生活方式有利于提高身体健康水平，降低损害健康的危险因素。包括经常自觉参加体育锻炼、平衡的膳食、保持充足适宜的睡眠、能对精神紧张和压力予以放松和处理、安全的出行习惯、不吸烟、节制饮酒、不吸毒、无不正当的性行为等。而不良的个人行为和生活方式会对人体健康产生不利的影响。比如：①吸烟。烟草可以说是一种慢性自杀剂，它的化学成分复杂，燃烧后可排出 750 种以上的刺激和毒害细胞的物质。②酗酒和嗜酒。长期酗酒将形成慢性酒精中毒，对人体的危害极大。长期大量嗜酒者死亡率比一般人高 1 ~3 倍。对于人来说酒的最大危害是损害脑细胞，导致智力下降、记忆力减退，严重的甚至会引起酒精中毒性精神病。③吸毒。我国将毒品定义为“鸦片、海洛因、吗啡、大麻、可卡因以及国务院规定管制的其他能够使人形成瘾癖的麻醉药品和精神药品”。毒品对人体健康的危害主要有：吸毒抑制食欲，使人营养不良；吸毒可引起神经系统病变，如惊厥、震颤、麻痹、周围神经炎，使人智力减退和个性改变，还能引起颅内出血、抽搐、持续性或机械性重复动作、步态异常等；吸毒能引起各种心律失常和缺血性改变，血管痉挛，冠状动脉痉挛，导致心肌梗塞；经呼吸道滥用毒品对呼吸道有直接刺激，中毒时可发生海洛因性肺水肿，如抢救不及时可引起死亡。④不良的性行为。不良的性行为是传播性病的主要途径。目前国际上列为性病的病种已逾 20 种，我国重点防治的性病有淋病、梅毒、生殖器疱疹、生殖道沙眼衣原体感染、尖锐湿疣、软下疳、性病性淋巴肉芽肿、艾滋病 8 种。当性病患者与健康人进行性接触时，健康人体很容易被病原体侵入而感染。但有些病原体亦可通过非性接触途径传染，如被病原体污染的毛巾、内衣、便器、浴盆、注射器针头等，或通过输血、注射血制品、接受器官或组织移植而感染。此外，某些性病还可以在妊娠和分娩过程中，由母体传给胎儿或新生儿。

环境因素对健康的影响：人类环境主要是指环绕于我们周围的各种自然及社会因素的总和，是指人类赖以生存，从事生产和生活的外界条件。人类不仅生活在自然界，具有生物属性，而且是生活在人与人之间关系总和的复杂的社会中，又具有社会属性。因此，人类环境包括自然环境和社会环境两个部分。

（1）人类与自然环境：自然环境是指由地球表层的大气圈、岩石圈、水圈、生物圈所组成的相互渗透、相互制约和相互作用的庞大、独特、复杂的物质体系。

自然环境中某些化学元素含量的多少，会影响人体的生理功能，对健康不利而形成疾病。尽管人体的生理功能具有一定适应和调节能力，但这种调节能力是有一定限度的。如果环境中的某些化学元素含量过多或过少，超过人体生理的调节范围时，便会使人和环境之间的平衡遭到破坏，从而使机体的健康受到不同程度的影响，甚至形成地方病和流行病。例如，在环境中缺乏碘，可导致地方性甲状腺肿的发生和流行；环境中含氟量过多可引起氟骨症；饮用软水的地区易患心脏病，饮用硬水的地区冠心病的发生率低。所以，人类的各种疾病都与生活的环境条件有密切关系。

（2）人类与社会环境：社会环境主要是指聚落环境，它以人群聚集和活动作为环境的主要特征和标志。社会环境包括社会体制、社会经济和文化教育等几方面。①社会体制与健康。一个国家的政治局势稳定、政治制度完备，利于人类发展体制的完善都有助于国民健康的提高，人民的健康水平需要国家政府的保障和支持。②社会经济与健康。经济与健康之间是辩证统一的关系。经济的发展是人民健康水平提高的根本保证，是确保人民体质健康的物质基础。如要保证国民的身体健康，国家和社会就需要对卫生投资，卫生投资的效益表现为国民健康水平的提高。健康水平的提高必然带来经济效益，对社会经济发展起到积极作用。③文化教育与健康。教育水平的高低将直接影响人类社会发展和民族整体素质的提高。体育教育属于教育的重要组成部分，它对人类的健康发展起着积极的促进作用。学校体育教育作为终身体育的起始阶段，将为每个人一生的不断发展奠定基础。这一基础不仅局限于增强体质方面，而且在于健康、心理发展各个方面，以及余暇生活质量的提高。体育教育将为人们提供获得身心可能发展的基础，它将是现代人设计和选择未来健康生活的基础。

遗传因素对健康的影响：遗传是指子代与父代之间在形态结构和生理功能上的相似。遗传的物质基础是细胞体中的染色体。存在于细胞核的染色体中的脱氧核糖核酸（DNA）包含着生物体的传递信息，在遗传过程中通过 DNA 分子复制，将遗传信息传给子代，从而得到与父代相同的一定遗传特征。这个过程要在一定的环境条件下才能发挥作用，在某些环境条件影响下可能发生变异。人的体质受到遗传因素的影响，但是遗传对体质的影响只提供了发展的可能性，而体质强弱的现实性，则有赖于后天的环境条件。通过遗传获得良好的体质，无疑将有助于形成良好的健康状况。但如受到后天较差的环境影响，其健康状况也会向不良方向发展。同时，较弱的体质状况在后天优越的环境培养下，其健康状况依然会向良好的方向发展。

二、健康管理

（一）“健康管理”理念的起源

“健康管理”是舶来的理念，西方许多国家早在二三十年前，就开始推行“健康管理”理念，以此来干预和指导人们的生活，使整个社会人群患病率明显下降。1976 年，加拿大卫生部就提出了以周期性健康检查为核心的“终身预防医学计划”，提倡依照不同年龄、性别进行定期健康检查。1984 年，美国预防专家组成立，公布了定期体格检查和其他预防措施的临床预防服务方案，建议公民每年做一次体检。我国专家认为，看似健康的人也应每年或至少两年进行一次体检，应认识到定期体检是十分必要的，对 40 岁以上的人来说尤其如此。随着年龄的增长，各种疾病出现的概率越来越高，体检能够早期发现一些无痛或症状不明显的疾病，如肿瘤、高血压、糖尿病、脂肪肝、高血脂等，而早期发现并及时治疗又对逆转病情、恢复健康、提高生活质量至关重要。可以说，从 20 世纪中后期开始，“健康体检”的服务已经被称为“新时尚”。但这种服务的最大问题在于缺乏延续性。没病求安心，有病赶紧治，这种被动的、防守型服务模式距离预防和避免疾病的发生还有相当的距离。

随着科学的发展，人们已经可以通过合理的干预来延缓或防止各种疾病的发生。这种具有前瞻性的健康服务模式——“健康管理”一经提出，立刻引起了世人的关注，并很快风靡西方世界。有资料显示，在过去 20 余年中，西方国家通过有效的健康管理，使 90% 的个人、单位的医疗开支减少到原来的 10%。

（二）健康管理的含义

健康管理，是指对个体或群体的健康进行全面监测、分析、评估、提供健康咨询和指导以及对健康危险因素进行干预的全过程。健康管理的宗旨是调动个体和群体及整个社会的积极性，有效地利用有限的资源来达到最大的健康效果。健康管理的具体做法就是为个体和群体（包括政府）提供有针对性的科学健康信息并创造条件采取行动来改善健康。健康管理是基于个人健康档案的个性化健康事务管理服务，是建立在现代生物医学、营养学和信息化管理技术的模式上，从社会、心理、生物的角度来对每个社会成员进行全面的健康保障服务，协助人们成功有效地把握与维护自身的健康。

健康管理的基本步骤和常用服务流程。健康管理有以下三个基本步骤：第一步是了解你的健康；第二步是进行健康及疾病风险性评估；第三步是进行健康干预。健康管理的常用服务流程由健康管理体检、健康评估、个人健康管理咨询、个人健康管理后续服务、专项的健康及疾病管理服务五个部分组成。

各级政府和所有的企事业单位要确立“健康管理”的新理念，从自身担负的职能和职责出发，加强对人民群众的健康管理。要定期向职工进行健康教育，引导职工树立自我保健意识，提高自我保健能力，定期对职工进行体检，使职工了解自己的身体状况，无病防病，有病早治；科学安排作息时间，坚持工间操，严格控制加班、加点和熬夜；注重环境卫生，清除污染，从工作环境、工作条件上保障职工健康。健康管理加强了，单位和企业的劳动生产效率自然而然地就会提高，同时，还可以大大减少单位和个人医疗费用的支出。

对我们每个人来说，“健康管理”就是要做到“健康上的自我管理”。管理是一种规范和制约，特别是管理自己，一要自觉，二要能禁得住约束，要能把自己的思想和行为纳入正确的生活准则和行为规范上来。凡符合“强身健体之道”的就积极奉行，违背的就禁止。具体来说，个人“健康管理”先要了解自己身体的基本情况，包括遗传因素、先天缺陷、营养失衡等方面的问题，然后，进行有针对性的防范和弥补。特别是要有计划、有步骤地纠正吸烟、酗酒、赌博、放纵、熬夜、饥饱无常等不良生活习惯。同时，我们还要加强思想修养和体育锻炼，保持积极进取、豁达开朗、热心助人的心态。这样，才能促进身体健康，健康管理的成效也才能越来越凸显。

（三）健康管理的重要意义

简单地说，健康管理就是要将科学的健康生活方式传导给健康的需求者，变被动的护理健康为主动的管理健康，更加有效地保护和促进人类的健康。因此，人人需要健康管理。据世界卫生组织研究报告：人类 1/3 的疾病通过预防保健是可以避免的，1/3 的疾病通过早期的发现是可以得到有效控制的，1/3 的疾病通过信息的有效沟通能够提高治疗效果。因此，对健康的管理与维护应该是在疾病没有到来之前的预防。

健康管理最重要的意义在于实现了一种管理功能，使处理健康问题变得井然有序。健康管理，使个人对自身健康状况有了一个深刻的认识，知道了自己身体的薄弱环节和优势，可以做到扬长避短；针对个人特点，健康管理对饮食起居、生活保健、日常防护等也可以做出专业的指导。

在疾病的预防和治疗方面，健康管理也能发挥重大作用。定期的检查、评估和健康专业咨询，能做到提前预防，及时指导就医治疗，避免拖延病情，或者得到治疗后的身体恢复与保养。这种管理具有双重意义，对个人来说，身体状况得到了改善，节约了更多的治疗经费；对社会来说，也节省了大量的医疗资源。

健康管理作为一门学科和新兴职业悄然兴起并发展壮大。经济学家指出，健康对经济的增长有反作用。健康问题的解决，可以促进经济增长；健康问题不解决，经济会出现负增长。

世界银行曾预测，我国肝炎的直接经济损失每年约 3600 亿元；艾滋病毒感染者按现行速度增长，到 2010 年会使 2400 万～3000 万的人口致贫；吸烟致癌造成的经济损失每年约 5600 亿元，相当于烟草税收的 3.5 倍；癌症的死亡数每年 150 万人，心血管病死亡数每年 300 万人，这两项死亡人数每年的经济负担就超过了几千亿元；糖尿病患者 4000 多万人；高血压患者 1.5 亿人；精神和心理疾病日益增多，实际患者已达 1600 万元。以上患者的增加使我国医疗费用大幅度上升，制约经济发展的速度，也会使已摆脱了贫困的人口重新回到贫困。因此，中国能否实现可持续发展的关键是中国能否解决国民的健康问题，认真管理我国的健康资源，引进“健康管理”的新理念是中国可持续发展的当务之急。

三、体育锻炼对人健康的作用

（一）体育运动对运动系统的作用

运动系统的主要功能是使人体运动。它由骨骼、骨连接（关节）、肌肉三部分组成，在神经系统的支配下，肌肉收缩牵动骨能产生各种运动，这种运动是以骨骼为杠杆、关节为枢纽、肌肉为动力来实现的。

骨骼肌：任何身体活动都表现为肌肉的运动，所以，肌肉系统必然是受体育锻炼影响最显著的器官之一。骨骼肌在人体中分布极为广泛，全身有肌肉 400～600 块，成年人骨骼肌占人体体重的 40%（女性 35%）左右，不同年龄、性别的骨骼肌占人体体重的比例不同，四肢占全身肌肉总重的 80%，其中下肢占 50%，上肢占 30%。

体育运动对骨骼肌形态结构的影响。①肌肉体积增大。大多数人认为肌肉体积增大是因为肌纤维增粗的结果，力量练习可使肌纤维最大限度地增粗，而耐力性练习如中长跑、自行车等项目对肌肉的肌纤维增粗并不明显。②肌纤维中线粒体增多，体积增大。线粒体是供能中心。③肌肉中脂肪减少。在活动不多的情况下，骨骼肌表面和肌纤维之间有脂肪堆积，影响了肌肉的收缩效率，通过体育运动，特别是耐力性项目（长跑），可以减少肌肉的脂肪，提高肌肉的收缩效率。④肌肉内结缔组织增多，使肌腱和韧带中的细胞增殖而变得结实粗大，从而抗拉断能力增强有力。⑤肌肉内的化学成分发生变化，如肌肉中肌糖原、肌球蛋白、水分等都会增加。物质的增多提升了肌肉的收缩能力，及时供给肌肉能量。⑥肌肉中毛细血管增多，体力运动可使肌肉毛细血管数量和形态都有所改变，提高了肌肉的工作能力。

骨骼：成年人的骨骼共有206块，但其中大约只有178块直接参与随意运动，多数骨是成对的，骨中有丰富的血管和神经。体育运动对骨形态结构的影响如下。①长期坚持体育锻炼，可使骨密质增厚、骨变粗、骨小梁排列更加整齐、有规律，使骨变得更加粗壮和坚固，在抗折、抗弯、抗压缩和抗扭转方面的性能都有了提高。体育运动的项目不同，对各部分骨骼的影响也不同。经常从事下肢活动的跑、跳运动，对下肢骨骼的影响较大；而经常从事举重运动，对上肢和下肢的骨骼影响较大。②体育锻炼可以使关节面骨密质增厚，从而能承受更大的负荷；体育锻炼增强了关节周围肌肉力量，使肌腱和韧带增粗，关节面软骨增厚，提高了关节的稳固性，增加了关节的运动幅度。在体育运动停止后，骨骼所获得的变化慢慢消失，因此，体育锻炼应经常化，项目要多样化。

（二）体育运动对心血管系统的影响

人体细胞的生存并发挥作用，需要足够的营养物质供应；同时在细胞代谢中所产生的代谢产物（废物）能够被及时地运走并清除到体外，这一切均依赖于心血管系统来完成。心血管系统是由心脏、动脉、毛细血管和静脉血管组成的密封管道。心脏是血液循环的动力；血管主要充当血液运输的管道系统；血液充当运输的载体。在心脏“泵”的推动作用下，沿着血管周而复始地运行，将细胞所需物质带来，运走代谢产物。由此可见，血液循环系统对于生命有何等重要的意义。

体育运动对心脏功能的影响。①心脏增大：一般人心脏重量约300克，运动员可达400～500克。心肌纤维增粗，其内所含蛋白质增多。心肌毛细血管口径变大、数量增多，供血量相应增加，为适应运动，心脏出现心脏功能性增大。②心脏的容量和每搏输出量增加。一般人的心脏容量为765～785毫升，而运动员可达1015～1027毫升，由于心脏肌纤维变粗、心壁增厚、收缩力增强，故每搏动一次输出量也明显增加，一般人安静时为50～70毫升，而运动员可达130～140毫升，同时也提高了心脏的储备力量。例如，心脏在安静状态下，脉搏的频率较低（约40次/分），一般活动时升高不多，紧张剧烈活动时则升高明显，但停止运动后又能很快恢复到安静状态。

体育运动对血管的影响。①可以使动脉管壁的中膜增厚、弹性纤维增多，使血管的运血功能加强。②改善毛细血管在器官内的分布和数量。例如，骨骼肌的毛细血管增多、口径变大、行程迂曲、分支吻合，故可以改善器官的血液供应，以提高和增强器官的功能。

（三）体育运动对呼吸系统的影响

增强呼吸肌力，呼吸功能提高，使肺通气量增加。运动时，由于运动肌肉对能量的需求剧增，机体对氧气的需求也相应显著增加，即需氧量与运动强度、运动时间成正比。而机体为了尽力满足肌肉运动的氧需求，会充分利用呼吸肌的潜力，使之发挥最大功能，力争吸入尽可能多的氧气。长此以往，呼吸肌会得到更好的锻炼。

提高胸廓顺应性、增加呼吸肌（尤其是吸气肌）活动幅度来增大肺容量和肺通气量。

（四）体育运动对神经系统的影响

促进神经系统的发育。人类在婴儿时期进行适当的运动，有助于大脑发育和提早学会走路。科学实验也证明，加强婴儿右手的屈伸训练，可加速大脑左半球语言区的成熟，加强左手的屈伸训练，则可加速大脑右半球语言区的成熟。科学家还发现，一个以右手劳动为主的成年人，其大脑左半球的语言机能占优势，体积也是左侧比右侧大。这些科学实验表明，身体锻炼对神经系统的发育和完善有着非常重要的意义。

提高神经系统的灵活性。体育运动丰富了神经细胞突触中传递神经冲动的介质，并在传递神经冲动时引起较多介质的释放，缩短神经冲动在突触延搁的时间，加快突触的传递过程，从而提高神经的灵活性。例如，100 米跑起跑时，训练有素的运动员听到发令信号时，起跑反应非常快。

改善和提高中枢神经系统的工作能力，使人头脑清醒、思维敏捷。大脑是人体的最高指挥部，人体一切活动的指令，都是由大脑发出的。大脑的重量虽只占人体重量的 2%，但是它需要的氧气却要由心脏总流出血量的 20% 来供应，比肌肉工作时所需血液多 15 ~ 20 倍。然而，脑力劳动者长时间伏案工作，机能活动的特点是呼吸表浅，血液循环促，新陈代谢低下，腹腔器官及下肢部血液停滞。长时间进行脑力劳动使人头昏脑涨，就是由于大脑供血不足、缺氧所致。进行体育运动，特别是到大自然中去活动，可以改善大脑供血、供氧情况，可以促使大脑皮层兴奋性增加、抑制加深，兴奋和抑制更加集中，神经过程的均衡性和灵活性加强，对体外刺激的反应更加迅速、准确，大脑分析、综合能力加强，整个有机体的工作能力提高。

（五）体育运动对免疫机能的影响

改善免疫机能：免疫机能是体质的代表性指标。运动能够增强体质，不仅指身体运动能力的提高，更包含着免疫机能的增强，因此，人类才能抵抗与适应不断恶劣的外界环境。运动有益于健康已为人们所共识，研究业已发现经常参加体育运动可以增强抵抗力，降低心血管疾病的风险并提高生命的质量。另外，研究发现运动员过度训练与频繁比赛，抵抗力会下降，更易感染疾病。因此，传统的生命在于运动就要变为生命在于科学运动。通过运动锻炼，机体遇到刺激后，机体免疫功能为维持机体内环境稳定，其动员速度快，因此反应快，可使免疫调节因素得到明显改善。

提高机体对外界环境的适应能力。适应能力是指人体在适应外界环境中所表现的机体能力。它包括对外界环境的适应能力和对疾病的抵抗力。长期在各种气候和环境，如严寒酷暑、风雨霜雪或空气稀薄等条件下进行锻炼，能改善机体体温调节的机能。

第二节　体质健康与体育锻炼

一、体质健康的内容及自我评定

体育锻炼效果的测定与评价是一个十分重要的问题。测定与评价能看出锻炼的效果，从而能更好地激发锻炼的积极性，并为确定以后的锻炼内容和方法提供必要的科学依据。

（一）常用形态指标

身高、体重与胸围三项指标的均衡发育程度对于人体的形态影响最大，通过身体测量，可以鉴别三项指标的发育程度。分析影响身体形态的各种因素以求改善，使形态发育指标更接近理想的目标。

身高：身高是指人体站立时，支撑面至头顶点的垂直高度。测量身体长度，可了解骨骼发育情况。测量方法：受试者赤足，以立正姿势站立在身高坐高计的底板上，足跟并拢，足跟、骶骨部及两肩胛间区与支柱接触，躯干自然挺直，头部正直，但不靠立柱，两眼平视，耳屏上缘与眼眶下缘呈一水平，测试者站于受试者侧面，将水平压板轻轻沿立柱下滑，轻压受试者头顶，测试者两眼与压板平面等高，进行读数记录。身高主要反映骨骼发育状况，是评价生长发育水平的重要依据。

体重：体重即人体站立时的重量。通过测量体重，可了解人体横向发育指标。测量方法：测量时，男生只穿短裤，女生穿短裤、背心并应在测量前排空大、小便，被测者赤足轻踏上秤台中央、身体保持平衡，不与其他物体接触。体重反映人体骨骼、肌肉、皮下脂肪及内脏器官重量增长的综合情况和身体的充实度。体重受年龄、性别、生活条件、体育锻炼、疾病等因素的影响。

体重和身高的比例可以辅助说明营养状况和肌肉发育程度。目前国际上通用的反映身高体重情况的指标为体重指数（BMI），计算公式为：身高（厘米）/体重（千克）的平方，判断标准为 BMI 小于 24 为正常，24～28 为超重，28 以上为肥胖。

胸围：胸围即胸廓外面的周长。测量胸廓大小可以了解胸廓肌肉发育情况。测量方法：测试者自然站立，两脚分开与肩同宽，双肩放松，两上肢自然下垂，测量者将带尺围绕胸廓一周，在背部、带尺上缘于肩胛骨下角的下方，在胸部带尺下缘放于乳头上缘，已发育成熟的女生，带尺应置于乳头上方第四肋骨与胸骨连接处，从侧面观看，带尺呈水平的圆形，测量受试者呼吸尚未开始时的胸围。胸围是显示人体的宽度、厚度最有代表性的量值，是衡量人体生长发育水平的一个重要指标。

胸围均值随年龄的增长而增大，男 20 岁、女 18 岁时趋于稳定。根据 1991 年资料，中国汉族 19～22 岁胸围均值为：城市男性 86.19 厘米，乡村男性 85.88 厘米；城市女性 78.90 厘米，乡村女性 79.59 厘米。

（二）常用生理、生化指标

常用生理检查指标包括以下几项。

（1）心率：心率是指每分钟心脏搏动的次数。安静时一般成人心跳为 60～80 次/分。临床上安静时心率超过 90 次/分称心动过速，60 次/分以下称心动过缓。经过较系统的体育锻炼或劳动锻炼的人，安静时心率明显减慢，有些训练水平较高的运动员可降到 50 次/分。

（2）血压：血压是指血液在血管内流动时对动脉血管壁产生的侧压力，也称动脉血压。心室收缩时血液大量射入血管，主动脉压力急剧升高，这时的压力称为收缩压；心室舒张时压力降低称为舒张压。收缩压与舒张压之差称脉压差。血压在一定程度上反映心肌收缩力量的大小和血管弹性。血压的测量一般取坐位，以右上肢为准。测量时受试者右臂自然前伸平放在桌面上，使血压计零位与受试者心脏和右臂袖带处于同一水平面上。先将袖带捆扎于受试者上臂，肘窝暴露，将听诊器听头放在肱动脉上，开始充气加压使水银柱上升，直到听不到肱动脉搏动声，再打气升高 2.6～4 千帕，然后慢慢放气减压。第一次听到搏动声时的压力为最高血压（收缩压），继续放气减压到完全听不到搏动声的瞬间为最低血压（舒张压）。我国成年人安静时收缩压为 13.3～16.0 千帕，舒张压为 8.0～10.7 千帕，脉压为 4.0～5.3 千帕。世界卫生组织和国际高血压疾病学会（ISH）1993 年作出规定：凡舒张压超过 12 千帕或收缩压大于 18.7 千帕，即视为血压高，如两次非同一时间测定的血压均较高，则可能患有高血压。

（3）呼吸：机体在新陈代谢过程中，需要不断地从外界环境中摄取氧气并呼出二氧化碳，这种机体与环境之间的气体交换过程称为呼吸。正常成人呼吸频率为 16～20 次/分，但可随活动、情绪、疾病等因素而改变。

（4）肺活量：肺活量是指一个人全力吸气后所呼出的最大气量。肺活量是一种常用的反映呼吸机能的指标，它和身高、体重、胸围呈正相关。一般情况下，体重和胸围大的人，肺活量也大。测量肺活量时，受试者取站立姿势，然后手握住肺活量计的吹气嘴，做最大吸气后对准肺活量计的吹气嘴做最大的呼气，直到不能再呼气为止。测试者按指示器或显示器读数。每人可测量三次，每次间隔时间为 15 秒，选最大值记录，精确到 10 位数，误差不得超过 200 毫升。肺活量反映的是静态气量，与呼吸的深度有关。正常成年人肺活量，男性为 4000 ~ 4500 毫升，女性为 2600 ~ 3200 毫升。

（5）最大吸氧量：最大吸氧量（VO_2max）是指运动中每分钟由人体呼吸系统吸入并由循环系统运输到肌肉而被肌肉所利用的最大氧量。它是评定人体运动时有氧工作能力的重要指标。优秀的男、女耐力项目运动员最大吸氧量分别为 6 升/分和 4 升/分，男子最高值可达 7.4 升/分、女子最高值可达 4.3 升/分。

（6）心电图：在每个心动周期中，由窦房结产生的兴奋依次传向心房和心室。这种兴奋的产生和传播时所伴随的生物电变化，通过周围组织传到全身，使身体各部位在每一个心动周期中都发生有规律的电位变化。用引导电极置于肢体或躯体的一定部位记录出来的心电变化的波形，叫作心电图。典型的心电图是由一组波形及各波之间的间期组成的。

（7）连续心电图监测：连续心电图监测是用有线或遥感心电接收器，将心电图传送到中心台，通过储存全面记录的方式，用电脑进行自动分析。它的目的、方法与动态心电图相似，其优点在于可以随时发现心律失常，立即给予处理。

（8）脑电图：脑电图是指通过脑电图描记将脑自身微弱的生物电放大记录成为一种曲线图以帮助诊断疾病的一种现代辅助检查方法。它对被检查者没有任何创伤。

（9）肌电图：肌电图同脑电图一样，也是记录人体自身生物活动的曲线图。电极安放方法有两种：一种是表面电极，放在皮肤表面；另一种是针电极，插入肌肉内。后者较为常用。

（10）B 超检查：B 超检查简便易行，无创伤、无痛苦，运用极为广泛。除骨骼系统外，身体每个部位几乎都可使用 B 超检查。

（11）X 线检查：X 线检查包括透视、摄片、造影三种。

（12）CT（电子计算机辅助断层扫描）：主要用于颅脑、脊椎以及肺、纵膈、腹腔及盆腔器官病变的检查。CT 本质上仍是 X 线检查，但比一般 X 线检查更为准确。

（13）磁共振成像术：磁共振成像术即核磁共振（MRI）。基本原理是在强大磁场的作用下，记录组织器官内氢原子的原子核运动，经计算和处理后获得检查部位的图像。MRI 对人体没有损伤；MRI 能获得骨髓的立体图像，不像 CT 那样一层一层地扫描而有可能漏掉病变部位；能诊断心脏病变，CT 因扫描速度慢而难以胜任。

血液一般检查指标：检查内容包括红细胞、血红蛋白、白细胞及其分类、血小板等。

（1）红细胞（RBC）

正常：男性（4.0 ~ 5.0）$\times 10^9$/升，女性（3.5 ~ 4.5）$\times 10^9$/升。

增高：真性红细胞增多症、严重脱水、肺原性心脏病、先天性心脏病、严重烧伤、休克等。

降低：贫血、出血。

（2）血红蛋白（Hb）

正常：男性 120～150 克/升，女性 105～135 克/升。

增高与降低：大致与红细胞相同，但变化幅度不一定与红细胞平行。

（3）白细胞（WBC）

正常：（4～10）$\times 10^{9}$/升。

增高：细菌感染、严重烧伤、类白血病反应、白血病。

降低：白细胞减少症、脾功能亢进、造血功能障碍、放射线、药物、化学毒素等引起的骨髓抑制、疟疾、伤寒、病毒感染、副伤寒等。

（4）血小板（BPC）

正常：（100～300）$\times 10^{9}$/升。

增高：原发性血小板增多症、真性红细胞增多症、慢性白血病、骨髓纤维化、症状性血小板增多症、感染、炎症、恶性肿瘤、缺铁性贫血、外伤手术、出血、脾切除后的脾静脉血栓形成。

降低：原发性血小板减少性紫癜、播散性红斑狼疮、药物过敏性血小板减少症、弥漫性血管内凝血、血小板破坏增多、血小板生成减少、再生障碍性贫血、骨髓造血机能障碍、药物引起的骨髓抑制、脾功能亢进。

（5）血沉（ESR）

正常：男性 0～15 毫米/时、女性 0～20 毫米/时。

增快：急性炎症、结缔组织病、严重贫血、恶性肿瘤、结核病。

减慢：红细胞增多症、脱水。

生理性改变：女性月经期、妊娠后 3 个月及老人可稍增快。

（6）血清甘油三酯

正常：400～1500 毫克/升。

增高：动脉粥样硬化、糖尿病肥胖症等。

减少：重症肝实质病变、甲亢、阿狄森病等。

（7）血糖测定

正常：80～120 毫克/分升（全血）；79～105 毫克/分升（血浆）。

增高：糖尿病、垂体前叶及肾上腺皮质功能亢进、甲状腺功能亢进及颅内疾病，如脑出血等。

减少：胰岛素过多，如胰岛细胞瘤、肾上腺皮质功能减退或长期营养不良、严重肝炎等。

大便一般检查：大便常规检查包括大便的气味、颜色、性状、食物残渣以及显微镜检查等。

（1）气味：粪若呈酸臭味同时混有气泡，常见于淀粉或糖类消化不良。

（2）颜色：正常为黄色至棕黄色。

（3）性状：正常为成形、柱状、质软。

（4）食物残渣：正常为肉眼不可见，出现时多见于消化不良症或肠道大部切除的病人。

（5）显微镜检查（细胞）：显微镜下正常偶见少数上皮细胞或白细胞；大量红细胞见于下消化道出血；少量红细胞、大量白细胞或脓球见于细菌性痢疾；大量上皮细胞见于慢性结肠炎。

（6）寄生虫：要查见寄生虫卵，如蛔虫、钩虫、鞭虫、姜片虫及日本血吸虫卵，则可做出相应的诊断。

尿液一般检查：尿常规检查包括尿量、颜色、气味、尿蛋白、尿糖等。

（1）尿量：成人24小时正常尿量在1000～2000毫升，平均为1500毫升。

（2）颜色：正常为淡黄色，随饮水及出汗多少，色泽深浅可有不同。

（3）气味：新排出的尿液无特别气味，放置较久后可出现氨臭味。

（4）尿糖。

正常：定性阴性；定量小于500毫克/24小时。

增高：见于糖尿病、脑外伤、高血压、重症脑膜炎及某些肝病。可用于临床用药及饮食控制的效果监测。

（5）尿蛋白。

正常：定性阴性；定量10～133毫克/24小时。

增高：见于肾小球性蛋白尿，如急慢性肾小球肾炎、肾盂肾炎、肾小管性蛋白尿。如果药物或毒物中毒和某些肾病晚期，尿蛋白反而不增多。蛋白定量的多少，不能作为疾病类型和严重程度的诊断指标，仅供参考。

二、体育健身的基本原则

通过体育锻炼达到健身的目的要遵循一定的原则，主要有以下几条。

（一）自觉性原则

体育锻炼不同于人们劳动和日常生活的一般躯体活动，更区别于动物所具有的走、跑、跳、攀登等自然的本能动作。人们所从事的体育锻炼总是有一定的目的和意识的身体活动过程，因此要发挥自觉积极的主观能动性。自觉性要求锻炼时要有明确的健身目标，树立锻炼有益于学习、工作和生活的信念，把个人的切身需要与身体锻炼的功效、民族体质、人口质量以及国家的兴旺发达结合起来，更好地激发自己锻炼的热情。认真选择适宜的身体锻炼内容和方法，合理安排运动负荷，通过身体锻炼获得精神上的满足，感到有乐趣、心情舒畅。通过从事有趣的体育运动，表现出极大的主动性和自觉性，使身心统一。体育锻炼的效果、信心、兴趣三者是相辅相成的，应密切结合，才能做到自觉积极地从事体育锻炼。可通过定期检测锻炼效果的信息反馈，使自己经常看到锻炼的结果和进步，增强自信心，不断巩固和提高自觉锻炼的积极性。

（二）从实际出发原则

从实际出发原则是指体育锻炼的目的、内容、方法以及适宜的运动负荷。由于每个参加锻炼者的性别、年龄、职业、体育基础、身体状况、生活条件、锻炼目的等主、客观条件各不相同，在选择锻炼内容、方法和运动负荷时，要因人而异、量力而行，特别要注意选择适量的运动负荷。负荷适量是指体育锻炼要有恰当的生理负荷量。锻炼效果与锻炼时生理负荷的适宜有着极为密切的关系。负荷量太小，机体得不到适宜的刺激，功能的变化不明显，锻炼效果也就显著。相反，机体负荷量太大，不仅不能增强体质，而且会损害健康。决定运动负荷大小的主要因素是量和强度。量是指完成动作的次数、组数、时间、距离等；强度是指完成练习所用力量的大小和机体的紧张程度，包括动作的速度、练习的密度、练习间歇时间的长短、负重的大小、投掷的距离、跳跃的高度和长度等。量和强度要处理适当。强度越大，则量就要相应减少；强度适中，则量可以相应增加。要做到适量，以练习者承受得了并有一定的疲劳感为度。掌握适宜的运动量，一般可采用心率百分法，即采用使心率升高到本人最高心率的70% ~85%的强度作为标准进行锻炼的方法。个人的最高心率直接测量比较困难，一般男女均可用220减年龄来估算每分钟的最高心率。例如，某人20岁，其锻炼过程的运动强度应控制在心率为：（220 - 20） ×（70% ~85%） =140 ~170（次/分）。这被称为有氧锻炼的适宜负荷量。或者用接近极限运动量的心率（一般假定每分钟200次）减去安静时的心率（这里假定每分钟60次）的70%，再加上安静心率基数60次，即运动时的心率为：（200 - 60） ×70% +60 =98 +60 =158（次/分）。这是对身体影响最佳的运动强度。当然这两种计算方法也是相对的，适宜的运动负荷还要根据锻炼时和锻炼后的感觉来调整。

同时，要因地和因时制宜，根据外界环境的实际情况，如地理环境、气候条件、场地器材、环境卫生等，选择适合于自身的锻炼内容和方法。体育锻炼的一个重要目的是使人适应外界环境的变化。

（三）持之以恒原则

持之以恒原则是指体育锻炼必须持之以恒，使之成为作息制度和日常生活中不可缺少的重要内容。从生物学角度看，人的体质的增强是一个不断积累、逐步提高的过程，不可能一劳永逸。人体机能水平的提高，各种运动素质的发展，运动技能的形成与巩固，有赖于较长时期经常地锻炼。这样，才能使机体在解剖形态、生理机能、生化过程等方面产生一系列适应性的变化，不是一朝一夕或短期锻炼所能达到的，而是坚持长期锻炼的成效积累的结果。人体结构和机能的变化，都是通过肌肉活动的反复强化来实现的，体育锻炼是对机体给予刺激的过程，每次刺激都产生作用痕迹。连续不断的刺激作用，在机体内产生痕迹的积累，这种积累使机体的结构和机能产生新的适应性，从而使体质不断增强。如果“三天打鱼，两天晒网”，间断地进行，前一次的作用痕迹已经消失，下一次作用的积累就小，机体的适应性变化就小，锻炼效果就不明显。如果长时间停止锻炼，各器官系统的机能还会慢慢减退，使体质逐渐下降。

（四）循序渐进原则

循序渐进原则是指体育锻炼必须根据人体身心发展规律和个人的实际情况，在锻炼的内容、方法、运动负荷等方面逐步提高，使机体功能不断得到改善和提高。循序渐进是人体适应环境的基本规律。人体对内、外环境变化的适应，是一个缓慢的由量变到质变的过程。只有遵循这个规律，才能取得良好的锻炼效果。否则，非但不能增强体质，还会引起机体损伤和运动性疾患，损害身体的健康。因此，进行体育锻炼不能急于求成。坚持循序渐进原则要做到以下三个方面。①在锻炼内容上，根据自己的身体状况，合理选择，体质不同，锻炼起点也不同。体质较好的人，可选择比较剧烈的活动方式，如各种竞技运动项目；体质较弱的人，开始锻炼时，可选择那些比较缓和的运动，如慢跑、徒手操、武术、乒乓球等。患慢性疾病的人，可选择保健体育的一些内容，如健步走、太极拳、健身气功等。当体质逐渐变好时，锻炼内容也可逐步由缓和变为有一定运动负荷的运动。②运动量逐步加大。机体对运动量的承受能力有个缓慢的适应过程，锻炼时运动量要由小到大，待机体适应后再逐步加大。如果运动量长期停留在一个水平上，机体的反应就会越来越小。机体机能的提高，是按照刺激—适应—再刺激—再适应的规律有节奏地上升的，运动量也应随着这种节奏来安排。病后或中断锻炼后再进行锻炼，尤其要注意循序渐进，以免发生意外。③每次锻炼过程也要循序渐进。每次锻炼要做准备活动，锻炼后要做好整理活动，如长跑前先做 5 ~ 10 分钟慢跑，跑完后也要进行适当的牵拉和放松活动。

（五）全面锻炼原则

全面锻炼原则是指体育锻炼应全面发展身体的各部位、各器官的机能，提高各种身体素质和基本活动能力，从而达到身心全面和谐的发展。人体是在大脑皮层调节下的有机统一的整体，人体各部位、各器官系统的机能，各种身体素质和基本活动能力之间是相互联系、相互制约的。身体素质是指人体在运动过程中所表现出来的力量、速度、耐力、柔韧和灵敏等方面能力的综合体现，它们是通过肌肉活动表现出来的，但同时反映着内脏器官的机能、肌肉工作的供能情况，以及运动器官与内脏器官活动配合的协调状况。对于处于生长发育关键时期的青少年来说，全面发展尤为重要。由于各个运动项目对身体发展都有其独特的锻炼作用，但同时也有一定的侧重性。如长跑锻炼有益于发展心血管系统和呼吸系统的功能，加强中枢神经系统的调节。锻炼的内容，可结合自己的兴趣爱好，选择1～2项作为每天必练的主要项目，同时加强其他项目的锻炼，以弥补主项之不足。全面锻炼的过程中还应注意群体意识、个性特征等心理素质的发展。

三、运动安全

运动安全对于体育锻炼者来说非常重要，下面介绍几种体育活动中常见的运动安全问题，并简要介绍运动损伤的急救处理。

（一）肌肉酸痛

不少同学有过这样的体会，在一次活动量较大的锻炼以后，或是隔了较长时间未锻炼，刚开始锻炼之后，常常出现运动后肌肉酸痛，这种酸痛不是在运动中或运动后即刻发生，而是在运动结束后1～2天之后发生，因此也称为肌肉延迟性疼痛。

原因。肌肉酸痛是当肌肉一次活动量大时或隔了较长时间未锻炼而刚恢复锻炼时，肌肉对负重负荷及收缩放松活动未完全适应，会引起局部肌纤维及结缔组织的细微损伤，以及部分肌纤维产生痉挛所致。生理和生化的研究结果证实了酸痛时这种局部细微损伤及肌纤维痉挛的存在。由于这种肌纤维细微损伤及痉挛是局部的，因而就整块肌肉而言，仍能完成运动功能，但存在肌肉酸痛感。酸痛后，经过肌肉局部细微结构的修复，肌肉组织会变得较之前强壮，以后再经历同样负荷就不易再发生损伤（酸痛）。

处理。当已经出现肌肉酸痛后，采取以下对策能使酸痛得以缓解和消除。①热敷。可对酸痛的局部肌肉进行热敷，促进血液循环及代谢过程，有助于损伤组织的修复及痉挛的缓解。②伸展练习。可对酸痛局部进行静力牵张练习，保持伸展状态2分钟，然后休息1分钟，重复进行，每天做几次这种伸展练习，有助于缓解痉挛。但做时注意不可用力过猛，以免牵拉时再使肌纤维损伤。③按摩。按摩有使肌肉放松、促进肌肉血液循环的作用，有助于损伤的修复及痉挛的缓解。④口服维生素C。维生素C有促进结缔组织中胶元合成的作用，有助于加速受损伤结缔组织的修复，从而减轻和缓解酸痛。⑤针灸、电疗等手段对缓解酸痛也有一定作用。

预防。预防肌肉酸痛的发生可注意如下几点：①根据不同体质、不同健康状况科学地安排锻炼负荷，负荷不要过大，也不宜增加过猛；②锻炼时，尽量避免长时间集中练习身体某一部位，以免局部肌肉负担过重；③准备活动中，注意对即将练习时负荷重的局部肌肉活动得更充分些，对损伤有预防作用；④整理活动除进行一般性放松练习外，还应重视进行肌肉的伸展牵拉练习，这种伸展性练习有助于预防局部肌纤维痉挛，从而避免酸痛的发生。

（二）运动中腹痛

原因：人体进入运动状态后，下腔静脉压力上升，血液回流受阻，致使腹部脏器功能失调，引起腹痛；有的运动时呼吸紊乱、膈肌运动异常，引起肝脾膜张力性疼痛；也有的运动前吃得过饱、饮水过多以及腹部受凉，引起胃肠痉挛，导致疼痛。运动性腹痛多数在中长跑运动时发生。

征象：运动性腹痛部位不固定，一般因肠痉挛、肠结核引起腹腔中部处疼痛；食后运动疼痛常发生在上腹部或中部；肝脾膜张力性疼痛，常在左右两侧上腹部。

处理：对因静脉血回流障碍和准备活动不足或呼吸紊乱引起的腹痛，可采取降低运动强度，放慢跑速，同时按摩疼痛部位，并做深呼吸等方法，疼痛常可减轻或消失；对于胃肠饱胀、肠痉挛和慢性疾患引起的腹痛，如采取上述措施后无效时，应停止运动。

预防：合理安排运动时间，饭后至少一小时后才进行活动，运动前要做好准备活动，运动时要循序渐进；对于患有各种慢性疾病者病愈之前需在医生和体育教师指导下进行锻炼。

（三）肌肉痉挛

肌肉痉挛俗称抽筋，是肌肉不自主地突然性强直收缩，并变得异常坚硬。

原因：在剧烈运动中，肌肉快速连续性收缩，导致肌肉收缩与放松的协调交替关系被破坏，特别在局部肌肉处于疲劳时，更易发生肌肉痉挛；肌肉受到寒冷的刺激，或因情绪过于紧张，也可引起肌肉痉挛。

征象：肌肉痉挛时，局部肌肉产生剧烈性收缩并变得坚硬和隆起，疼痛难忍，且一时不易缓解。

处理：立即对痉挛部位的肌肉进行牵引，如腓肠肌痉挛时，伸直膝关节，并做足的背伸动作；若屈拇肌、屈趾肌痉挛时，则用力将足趾背伸；最好有同伴协助，但切忌施力过猛；此外，可配合局部按摩、点穴（承山穴、涌泉穴、委中穴等），以加速痉挛缓解和消失。

预防：运动前做好准备活动，对容易发生痉挛的肌肉，可事先进行按摩；冬季锻炼时，要注意保暖；夏季进行剧烈运动时，应注意补充盐分；游泳下水前，应先用冷水淋浴，游泳时间不宜过长；疲劳和饥饿时，不要进行剧烈运动。

（四）运动性昏厥

运动中，由于脑部供血不足，氧债不断积累并达到一定程度时，即可发生一时性知觉丧失，这一现象称为运动性昏厥。

原因：剧烈运动或长时间运动，大量血液积聚在下肢，回心血流量减少，导致脑部供血不足而出现昏厥状态；跑后如立即停止不动亦可出现“重力休克”现象。

征象：全身无力，眼前一时发黑，面色苍白，手足发凉，失去知觉而昏倒；生理检测脉搏慢而弱、呼吸缓慢、血压降低等。

处理：立即将患者平卧，足略高于头部，并进行向心方向按摩，同时指压人中、合谷等穴位；如有呕吐，应将患者头偏向一侧，以利呼吸道畅通；如停止呼吸，应立即进行人工呼吸；轻度征象者，由同伴搀扶慢走，并进行深呼吸，即可消除症状；重症患者，经临场处理后，送医院治疗。

预防：不要在饥饿情况下参加剧烈运动；疾跑后不要立即停下来；久蹲后也不要突然起立；平时要加强体育锻炼，以增强体质。

（五）中暑

原因：在高温环境中，特别在温度高、通风不良、头部又缺乏保护、被烈日直接照射的情况下进行体育锻炼，因体温调节功能障碍易发生中暑。

征象：轻度中暑，可出现面部潮红、头晕、头痛、胸闷、皮肤灼热、体温升高；严重时，将出现恶心、呕吐、脉搏快而细弱、精神失常、虚脱抽搐、血压下降，甚至昏迷。

处理：迅速将患者移至通风、阴凉处，解开衣领，冷敷额部，用温水擦身，并给予含盐清凉饮料或十滴水，数小时后即可恢复正常；严重患者，经临时处理后，应迅速转送医院治疗。

预防：在高温炎热季节锻炼时，应适当减少运动量，缩短运动时间，避免在烈日下长时间锻炼；夏天在室外锻炼时，宜穿浅色衣服，戴遮阳帽；在室内锻炼时，应有良好的通风，并注意服饮低糖含盐饮料。

（六）运动性贫血

我国成年健康男性每 100 毫升血液中含血红蛋白量为 12.5～16 克，女性为 11.5～15 克。若低于这一生理数值，则被视为贫血。因运动引起的这种血红蛋白量减少，称为运动性贫血。

病因：①运动时机体对蛋白质与铁的需求增加，一旦需求量得不到满足时，即可引起运动性贫血；②运动时，脾脏释放的溶血卵磷脂能使红细胞的脆性度增加，加上剧烈运动时血流加快，易引起红细胞破裂，从而导致运动性贫血；③少数人由于偏食或爱吃零食，影响正常营养摄入，或长期慢性腹泻，影响营养吸收，运动时常出现贫血现象。

征象：运动性贫血发病缓慢，平时表现头晕、恶心、气喘、体力下降，运动后出现心悸、心率加快、脸色苍白等。

处理：如运动中（后）出现头晕、无力、恶心等现象时，应适当减少运动量，必要时暂停运动；补充富含蛋白质和铁的食物，口服硫酸亚铁片剂和维生素 C，对缺铁性贫血的治疗有明显的效果。

预防：锻炼时，要遵循循序渐进原则，并克服偏食习惯。

（七）游泳性中耳炎

原因：游泳时，当水进入外耳道后，使鼓膜泡软，可引起鼓膜破损，细菌进入中耳而引起。此外，游泳时呛水，细菌也可能从咽鼓管进入中耳而引起。

征象：表现为耳内剧烈疼痛，有时还会引起热和头痛，也可见黄色液体从外耳道流出。

处理：停止游泳运动，用生理盐水和络合碘清洗消毒，并送医院治疗。

预防：游泳时可用耳塞堵住外耳道口，防止水进入耳道内；若耳内灌水，可采用头偏向耳朵有水一侧，用同侧腿进行原地跳的方法使水震动排出，然后再用棉花擦干外耳道，切忌挖耳；患感冒、上呼吸道感染时应停止游泳。

（八）常见运动创伤的急救及处理

在体育运动中难免会出现运动创伤，一旦发生，就应迅速正确地急救与处理。急救原则是挽救生命第一，如因骨折疼痛而引起休克，应先处理危及生命的休克而后做骨折的固定。

出血：血液从破裂的血管流出，称为出血。据研究，健康成人每公斤体重平均有血液75毫升，全身总血量4～5升。若一次出血达全身总血量的10%时对身体没有伤害。急性大出血达总血量的20%时即可出现乏力、头晕、面色苍白等一系列急性贫血症状。当出血量超过全身血量的30%时，将危及生命。因此对有出血的伤员，尤其是大动脉出血的，都必须在急救的早期立即给予止血。止血的手段方法很多，在没有药物和医疗器械的条件下，现场急救的常用方法如下。①冷敷法。冷敷可降低组织温度，使血管收缩，减少局部充血，还可抑制神经的兴奋，从而达到止血、止痛，减轻局部肿胀的作用，此法适用于急性闭合性软组织损伤，伤后立即施用，一般常用冷水或冰袋敷于损伤部位。冷敷与加压包扎和抬高伤肢同时应用，效果更佳。②抬高伤肢法。用于四肢出血，抬高伤肢，使伤处血压降低，血流量减少，达到减少出血的目的。一般常和绷带加压包扎并用，对小血管出血有效，对较大血管出血，只能作为一种辅助性止血方法。③压迫止血法。此方法可分为直接压迫伤口止血和压迫止血点止血两种。直接压迫伤口止血，一是用绷带加压包扎伤口止血。可先在伤口上覆以无菌辅料，再用绷带稍加压力包扎起来，此法适用于小动脉、静脉和毛细血管出血。二是指压止血。用指腹或掌根直接压迫伤口，此法简便易行，但违背无菌操作原则，容易引起伤口感染。因此，在不十分紧急的情况下，不应轻易使用。压迫止血点止血。用手指指腹压在出血动脉近心端相应的骨面上，暂时止住该动脉管的血流。这种止血方法操作简便，止血迅速，是一种临时性止血的好方法。

骨折及骨折临时固定。骨的完整性遭到破坏的损伤，叫作骨折。骨折可分为闭合性骨折与开放性骨折两种。前者皮肤完整，治疗较易；后者皮肤破裂，骨折端与外界相通，容易发生感染，治疗较难。运动中发生的骨折多为闭合性骨折，它是严重的损伤之一。骨折的诊断需借助 X 线检查。

如创伤当时怀疑有骨折，应用夹板、绷带把怀疑骨折的部位固定、包扎起来，使伤部不再活动，称为临时固定。这是骨折的急救方法。其目的是减轻疼痛、避免再操作和便于转送。

如有休克，应先抗休克，后处理骨折；如有伤口出血，应先止血，包扎伤口，再固定骨折。临时固定的注意事项。第一，固定前不要无故移动伤肢。为了暴露伤口，可剪开衣服，不要脱，以免因不必要的移动而增加伤员的痉挛和伤情。对于大腿、小腿和脊柱骨折、应就地固定。第二，固定时不要试图整复，如果畸形很厉害，可顺伤肢长轴方向稍加牵引。第三，夹板的长度和宽度，要与骨折的肢体相称，其长度必须超过骨折部的上、下两个关节。如果没有夹板，可就地取材（如树枝、木棍、球棒等）或把伤肢固定在伤员的躯干或健肢上。夹板与皮肤之间应垫上软物，如棉垫、纱布等。第四，固定的松紧要合适、牢靠。过松则失去固定的作用，过紧会压迫神经和血管。四肢骨折固定时，应露出指（趾）尖，以便观察血液循环情况。如发现指（趾）尖苍白、发凉、麻木、疼痛、浮肿和呈青紫色征象时，应松开夹板，重新固定。

心跳和呼吸骤停的急救。当人体受到意外严重损伤（如溺水、触电休克等），有时出现呼吸和心跳骤然停止，这时如不及时进行抢救，伤员就会很快死亡。人工呼吸与胸外心脏挤压是进行现场抢救的重要手段，它可以帮助伤员重新恢复呼吸和血液循环。人工呼吸的方法甚多，其中以口对口吹气法效果较好，而且可同时进行胸外心脏挤压。施行时使伤员仰卧，头部尽量后仰，把口打开并盖上一块纱布，急救者一手托起伤员的下颌，掌根轻压环状软骨，使软骨压迫食管，防止空气入胃；另一手捏住伤员的鼻孔，以免漏气。然后深吸一口气，对准伤员的口部吹入。吹完后松开捏鼻孔的手，让气体从伤员的肺部排出。如此反复进行，每分钟吹 16 ~ 18 次（儿童 20 ~ 24 次）。注意事项：施行人工呼吸前，应将伤员领口、裤带和胸腹部衣服松开，适当地清除其口腔内的呕吐物或杂物。吹气的压力和气量开始宜稍大些，10 ~ 20 次后，可逐渐减小，维持在上胸部轻度升起即可。进行中应不怕脏、不怕累，一经开始就要连续进行，不能间断，一直做到伤员恢复呼吸或确定死亡为止。若心跳也停止，则人工呼吸应与胸外心脏挤压同时进行，两人操作时，吹气与挤压频率之比为 1∶4。

对心跳骤然停止的伤员必须尽快地开始抢救，一般只要伤员突然昏迷，颈动脉或股动脉摸不到搏动，即可诊断为心跳骤停。这时往往伴有瞳孔散大、呼吸停止、心前区听不到心音、面如死灰等典型症状。此时应马上开始进行胸外心脏挤压，以恢复伤员的血液循环。操作时，伤员仰卧，急救者以一手掌根部按住伤员胸骨下半段，另一手压在该手的手背上，肘关节伸直，借助体重和肩臂部肌肉的力量适度用力，有节奏地带有冲击性地向下压迫胸骨下段，使胸骨下段及其相连的肋软骨下陷3～4厘米，间接压迫心脏。每次压后随即很快将手放松，让胸骨恢复原位。成人每分钟挤压60～80次（儿童80～100次）。挤压胸骨可间接压迫心脏，使心脏内血液排空。放松时，胸廓由于弹性而恢复原状，此时胸内压下降，静脉血回流至心脏。反复挤压与放松胸骨，即可恢复心脏跳动。操作中，如能摸到颈动脉或股动脉搏动，上肢收缩压达60毫米汞柱，口唇、甲床颜色较前红润，或者呼吸逐渐恢复、瞳孔缩小，则为挤压有效的表现，应坚持操作至自主心跳出现。注意事项：手掌根部压迫部位必须在胸骨下段（不要压迫剑突）压迫方向应垂直对准脊柱，不能偏斜，用力不可过猛，以免发生肋骨骨折。在抢救的同时，应迅速派人请医生来处理。

第三节　心理健康与体育锻炼

良好健康的个性心理有利于正确认识和适应复杂社会的生活现实，有利于营造健康和谐的生活，有助于发挥心理潜能，提升创造力。现代医学和体育科学的研究表明，体育锻炼是增进健康之法宝。究竟什么是心理健康？体育锻炼对心理健康的益处表现在哪些方面？本节将对这些问题进行讨论和叙述。

一、心理健康概述

（一）心理健康的概念

对于心理健康概念的认识许多学者有不同的观点，较有代表性的有《简明不列颠百科全书》对心理健康的定义：心理健康是指个体心理在本身及环境条件许可的范围内所能达到的最佳功能状态，而不是指绝对的十全十美的状态。日本的松田岩男指出，心理健康是指人对内部环境具有安全感，对外部环境能以社会上认可的形式来适应，即个体遇到任何障碍和困难问题，心理都不会失调等。第三届国际心理卫生大会认为，心理健康是指在躯体上、智能上、情感上与他人的心理健康不相矛盾的范围内，将个人心境发展成最佳状态。

（二）心理健康的标准

评判心理健康水平应从以下七个标准给予着重考虑。

1. 智力正常

智力，是人的观察力、注意力、记忆力、想象力、思维力、创造力及实践活动能力等的综合，包括在经验中学习或理解的能力，获得和保持知识的能力、迅速而成功地对新情

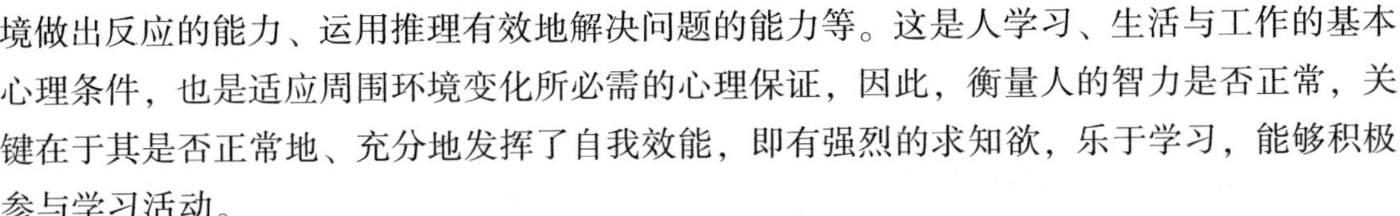

境做出反应的能力、运用推理有效地解决问题的能力等。这是人学习、生活与工作的基本心理条件，也是适应周围环境变化所必需的心理保证，因此，衡量人的智力是否正常，关键在于其是否正常地、充分地发挥了自我效能，即有强烈的求知欲，乐于学习，能够积极参与学习活动。

2. 情绪健康

其标志是情绪稳定和心情愉快。包括的内容有：愉快情绪多于负性情绪、乐观开朗、富有朝气，对生活充满希望；情绪较稳定，善于控制与调节自己的情绪，既能克制又能合理宣泄自己的情绪，情绪的表达既符合社会的要求又符合自身的需要，在不同的时间和场合有恰如其分的情绪表达；情绪反应与环境相适应。反应的强度与引起这种反应的情境相符合。

3. 意志健全

意志是指人在完成一种有目的的活动时进行的选择、决定与执行的心理过程。意志健全者在行动的自觉性、果断性、顽强性和自制力等方面都表现出较高的水平。意志健全的人在各种活动中都有自觉的目的性，能适时地做出决定并运用切实有准备的方式解决所遇到的问题，在困难和挫折面前，能采取合理的反应方式，能在行动中控制情绪和言而有信，而不是行动盲目、畏惧困难、顽固执拗。

4. 人格完整

人格是个体比较稳定的心理特征的总和。人格完善就是指有健全统一的人格，个人的所想、所说、所做都是协调一致的。人格完善包括人格结构的各要素完整统一；具有正确的自我意识，不产生自我同一性混乱，以积极进取的人生观作为人格的核心，并以此为中心把自己的需要、目标和行动统一起来。

5. 自我评价正确

正确的自我评价是人心理健康的重要条件，人在进行自我观察、自我认定、自我判断和自我评价时，能做到自知，恰如其分地认识自己，摆正自己的位置，既不以自己在某些方面高于别人而自傲，也不以某些方面低于别人而自卑，面对挫折与困境，能够自我悦纳，喜欢自己，接受自己，自尊、自强、自制、自爱适度，正视现实，积极进取。

6. 人际关系和谐

良好而深厚的人际关系，是事业成功与生活幸福的前提。其表现为：乐于与人交往，既有广泛而深厚的人际关系，又有知心朋友；在交往中保持独立而完整的人格，有自知之明，不卑不亢；能客观评价别人和自己，善取人之长补己之短，宽以待人、乐于助人，积极的交往态度多于消极态度，交往动机端正。

7. 社会适应正常

个体应与客观现实环境保持良好秩序，既要进行客观观察以取得正确认识，以有效的办法应对环境中的各种困难，不退缩，又要根据环境的特点和自我意识的情况努力进行协调，或改变环境适应个体需要，改造自我适应环境。

二、心理健康的内容

关于心理健康内容的研究范围十分广泛，涉及人发展的各个方面，概括起来大致有以下九个方面。

（1）思想道德与心理健康。在教学的过程中，通过对兴趣、动机、需要、情操、理想、人生观、价值观等动力性心理因素的学习和指导，使人了解需要、动机与人生观、价值观的关系，明确培养良好的兴趣爱好是心理发展的起点，合理调节需要。激励健康动机是心理发展的动因，而树立健康向上的人生观、价值观则是心理健康发展的根本。

（2）自我意识与心理健康。对自我意识与自信心的心理知识和培养技能的学习和指导，使人学会准确地了解自己，并树立起坚定的自信心。

（3）人格与心理健康。通过对气质、性格与人格的心理知识和塑造技能的学习和指导，使人学会自觉地矫正不良个性，培养健康的人格。

（4）学习与心理健康。进行由注意、观察、记忆、思维、想象等构成的智力心理知识和由兴趣、动机、意志构成的非智力心理知识的学习，并接受学习心理调节技能的指导，使人能迅速适应社会和生活，并掌握学习的技能。

（5）创造与心理健康。创造心理的学习与指导，培养人的创造个性，并训练其创造性思维，使他们学会求知创造，并不断提高其创造力。

（6）人际交往与心理健康。进行有关待人接物、交往交友的人际关系心理知识与技能的学习与指导，使人掌握人际交往的原则，养成乐群、合群、益群、友群等心理品质，提高交往能力，优化人际关系以提高生命质量。

（7）恋爱及性心理与心理健康。进行有关青春晚期、成年早期身心变化规律及性心理、恋爱心理知识和应付技能的学习和指导，使之适应身心发展规律，学会自立、自理、自护、自爱、自强、自尊。

（8）情绪与心理健康。进行情绪、情感、意志等控制心理知识和调控技能的学习和指导，使人养成自觉性、果断性、坚持性、自制性等心理品质，增强人对自我的控制调节和约束能力。

（9）挫折与心理健康。学习挫折心理，了解挫折及其情绪反应，锤炼优良的意志品质，培养挫折承受力，并预防自杀。

三、不同运动项目对人心理健康的促进策略

（一）体育对心理健康的影响

从已有的研究成果来看，体育对心理健康的积极影响主要表现为以下八个方面。

1. 体育运动能促进认识能力的发展

体育运动各项目都有一个共同的特点，即在运动或高速运动中要求运动者既要能对外界物体（如球、器械等）做出迅速准确的感知与判断，又能迅速感知、协调自己的身体以保证动作的完成。这样长期的运动便能促进人的感觉、知觉能力的发展，提高人的反应速度和直觉判断能力，使人变得敏锐、灵活。

2. 提高唤醒水平

唤醒是指身体的激活水平，对唤醒水平的愿望随任务的要求、环境和个性的不同而不同。例如，一个性格外向的人，在舒适的环境中从事一项令人厌倦的工作时他最需要提高唤醒水平。一般认为，体育锻炼能提高人的唤醒水平是由各种感觉信息的输入所造成的。体育活动只有达到一定的运动量才能导致唤醒水平的提高，才能维持对消极情绪的长期控制。相反，在一个舒适愉快的情境中，慢跑只能产生放松效果，不能提高唤醒水平。体育活动对于精神不振、心境较差的人具有显著的治疗和调节作用，可以使其摆脱烦恼、振奋精神。

3. 降低应激反应

应激是指个体对应激源或刺激所做出的反应。目前的研究认为，应激反应是一种包含应激源、个体对应激源的评价以及个体的典型反应等因素作用的过程，应激有积极应激和消极应激之分。在生活和工作中，人需要一定程度的应激，这有助于提高生活的质量和工作的效率，但过分的应激反应对健康不利。

体育锻炼可以降低应激反应对人心理的影响。1985 年，科巴沙（Kobasa）指出，因为体育活动可以锻炼人的意志，增加人的心理坚韧性，体育活动具有减轻应激反应以及降低紧张情绪的作用。

经常参加体育活动的人更少产生生理上的应激反应，如果有应激反应，也能尽快地从中恢复过来，尤其是从事有氧运动如跑步、轻快地走路、游泳、自行车、舞蹈、跳绳等对人的意志品质影响甚大。

4. 消除疲劳

在从事体育活动时保持良好的情绪状态，中等强度的活动量就能减少疲劳。有研究表明，体育活动能提高最大吸氧量和最大肌肉力量等生理功能，减少疲劳。因此，体育活动对治疗神经衰弱具有特别显著的作用。

5. 增加社会联系

随着我国城镇化建设的进程不断加快，许多生活在城市的人越来越缺乏适当的社会联系机会。体育活动是一种很好的增加人与人之间相互接触的形式。通过与他人的接触，可以使个体忘却烦恼和痛苦，消除孤独感，集体性体育活动能够增加社会满足感。研究证明，体育活动对于治疗孤独症和人际关系障碍有显著的作用。

6. 治疗心理疾病

根据基恩（Kyan）1983 年的调查，在 1750 名心理医生中，80% 的人认为体育锻炼是治疗抑郁症的有效手段之一，60% 的人认为应将体育活动作为一个治疗手段来消除焦虑症。临床研究表明，参加一些如慢跑、散步、徒手操等身体练习能有效地减轻焦虑和抑郁症状，增强自信。除此之外，有关体育锻炼的心理治疗效应还反映在对精神分裂症、酒精和滥用药物、体表体型症状的研究等方面。

对于一个健康人来说，进行长期体育锻炼就会有促进心理健康的效益；对于一个患有心理疾病的人来说，这种效益就会更加明显。有一项研究表明，进行 8 周的体育锻炼后，精神病患者的抑郁状况得到了明显改善。另有研究表明，进行有氧练习的人，其心境状况改善程度比控制组大，特别是那些练习前存在情绪问题的人其心境状态改善的程度最为明显。人们参加某个项目运动并坚持锻炼，他的生理技能、身体素质将会得到改善，也会相应掌握并发展一些运动的技能和技巧。因此，个体会以自我锻炼反馈的方式传递其成就信息给大脑，从而获得自我成就的认知和情感体验，产生愉快、振奋和幸福感。因此，适宜的体育锻炼能使有心理障碍的个体获得心理满足，产生积极的成就感，从而增强自信心，摆脱压抑、悲观等消极情绪，并消除心理障碍。

就目前而言，心理疾病的病因以及体育锻炼有助于治疗心理疾病的基本机制尚未完全清楚，但体育锻炼作为一种心理治疗手段在国外已开始流行起来。体育锻炼可以减缓或消除由于学习和其他方面的挫折而引起的焦虑和抑郁等症状，为不良情绪的宣泄提供一种合理有效的手段，防止心理障碍或疾病的发生。

7. 提高自信，完善自我

在体育锻炼和竞赛中，特别是参加个人擅长的运动项目，能在身体完成各种复杂动作的过程中，在与同伴默契配合中，在与对手斗智斗勇的拼搏中，在取得胜利的喜悦中，获得自我满足，提高自信心。并在训练和比赛中不断得到自我完善。

8. 调节情绪，陶冶情操

体育运动对心理健康影响的主要标志之一就是情绪状态，即人的自然需要是否得到满足而产生的一种体验。情绪几乎参与人的所有活动，对人的行为活动起着很大的调节作用。而体育活动能直接给人带来愉快和喜悦，并能降低紧张和不安，从而调控人的情绪，改善心理健康状态。伯格（Berger）认为，有规律地从事中等强度（最大心率的60% ~ 75%）活动的锻炼者，每次活动20 ~ 30分钟，有利于情绪的改善。有些研究人员发现，用力运动可减少情绪上的负担，甚至能减轻因精神压力的偶发事件而造成的心理负担。通过运动行为的替代作用，减轻或消除情绪障碍。在当今比较发达的城市，人们处在快节奏、高效率、强竞争的环境下，心理上会产生一定程度的紧张、焦虑和不安的反应。体育运动可以使不良的情绪状态得到改善，心理承受能力得到提高。人在从事繁重的学习或工作后，参加轻松活泼的体育活动，如练习韵律体操和舞蹈，在优美的音乐旋律中进行活动，欢快的情绪油然而生，并在思想情操上得到陶冶，使人的精神为之振奋。

总之，体育锻炼能有效地促进智力的发展、调节情绪、培养良好的意志品质、增强自我概念、改善人际关系、增进心理健康，使个体发挥最优的心理效能。

（二）影响体育锻炼产生良好心理效应的因素

影响体育锻炼产生良好心理效应的因素很多，主要有：是否喜爱体育锻炼并能从中获得乐趣；运动的方式、运动项目及运动量是否适宜；体育锻炼是否长久坚持。

1. 喜爱体育锻炼并从中获得乐趣

这是体育锻炼产生良好心理效应的基础。如果对体育锻炼没兴趣就很难从中获得乐趣，就不可能产生满足感和良好的情绪体验。因此，努力学习体育锻炼的有关知识，正确认识与理解体育锻炼的价值与作用，加强课内体育教学与课外体育活动的衔接，培养广泛的体育兴趣对提高体育锻炼的良好心理效应具有重要意义。

2. 体育锻炼的运动方式

按人体在运动中的能量代谢方式，可将所有运动分为有氧运动、无氧运动和混合运动。研究表明，体育锻炼时以有氧活动为主，采用有重复性与有节律的身体活动（如慢跑、游泳、骑自行车、跳绳、健美训练等），可以取得更好的愉悦身心的效果。

3. 运动项目

不同的运动项目或不同的运动形式所获得的心理效应是不同的。尽量避免那些激烈竞争项目，可多选择一些可以个人进行的项目，这样无论是运动时间、空间、动作节奏等更易于个人控制，锻炼者可更随意、更自由地进行，更容易获得良好的情绪体验。

4. 运动强度及时间

要想获得较好的健身效果，运动强度应以中等强度最佳，即心率控制在最高心率（最高心率＝220－年龄）的60% ~ 80%，运动强度过强易产生紧张感和疲劳感，一次锻炼的持续时间应至少20 ~ 30分钟；而每次少于20分钟的运动，很可能心理效应尚未出现，身体活动就停止了；而时间过长又可能造成厌倦、疲劳，引起不良情绪。

5. 体育锻炼应持之以恒

有研究报道，身体练习的系统性越强，体育锻炼所产生的良好心理效应就越明显。这表明只有长期坚持体育锻炼，养成习惯，才能获得良好的健身效果。

(三) 不同运动项目的心理健康促进的价值

对于个体来说，参加体育锻炼能否取得良好的心理效应关键在于其是否能从活动中获得乐趣并感到愉悦。运动愉悦感是一种积极的情绪体验，如果活动参与者不能从体育锻炼中体验愉悦，个体就很难持久地坚持下去，体育锻炼就很难产生积极的心理效应。研究表明，体育锻炼中体验到的愉快感具有直接的心理健康效应。对于那些长期参加体育锻炼的锻炼者来说，愉悦感是他们能够坚持下来的主要原因。

(1) 选择足球、篮球、排球以及接力跑、拔河等集体项目可以帮助孤独、怪僻，不大合群，不习惯与同伴交往的人逐步适应与同伴的交往，并热爱集体。

(2) 参加游泳、溜冰、滑雪、拳击、摔跤、单双杠、跳马、平衡木等项目，要求腼腆、胆怯，容易脸红，怕难为情的人不断地克服害怕、摔倒、跌痛等各种胆怯心理，以勇敢、无畏的精神去战胜困难。

(3) 参加乒乓球、网球、羽毛球、拳击、摩托、跨栏、跳高、跳远、击剑等体育活动时，优柔寡断、犹豫不决的人任何犹豫、徘徊都将延误良机，遭到失败。

(4) 参加下棋、打太极拳、慢跑、长距离的步行及游泳和骑自行车、射击等缓慢、持久的项目，能帮助遇事易急躁、感情易冲动的人调节神经活动，增强自我控制能力。

(5) 参加公开的激烈的体育比赛，特别是足球、篮球、排球等项目，可以帮助遇事过分紧张，容易发挥失常（如考试时）的人。在场上形势多变，比赛紧张激烈，只有冷静沉着地应付，才能取得优势。“久经沙场”，遇事就不会过分紧张。

(6) 选择一些难度较大、动作较复杂的技巧性活动，如跳水、体操、马拉松、艺术体操等体育项目，或找一些实力超过自己的对手下棋、打乒乓球或羽毛球等，不断提醒自负、逞强的人“山外有山”。

(四) 常见心理问题的体育疗法

1. 急躁、易怒的体育疗法

倘若你遇事容易急躁，感情容易冲动，可参加下棋、慢跑、长距离步行及游泳等缓慢、持久的项目。这些体育活动能帮助调节神经活动，增强自我控制的能力，稳定情绪，使容易急躁、冲动的弱点得到改善。

2. 遇事紧张的体育疗法

遇到重要事情容易紧张、失常的人，可参加公开的、激烈的体育竞赛，如篮球或竞技性强的游戏。因为场上形势多变，比赛紧张激烈，只有冷静沉着地应对，才能取得优势。若能经常在这种场合中接受考验，“久经沙场”，那么遇事就不会过分紧张，更不会惊慌失措，从而给学习、工作带来益处。

3. 孤独、怪僻的体育疗法

如果你感觉到自己不合群，不习惯与同伴交往，就应选择篮球、接力跑、拔河等集体项目。坚持参加这些集体项目的锻炼，会帮助自己慢慢地改变孤僻的习性，逐步适应与同伴交往，并热爱集体。

4. 腼腆、胆怯的体育疗法

有的人胆子小，做事怕风险，容易脸红，易难为情，那么就应该多参加溜冰、单杠、越过各种障碍物等活动。这些运动要求人们不断地克服害怕摔倒、跌疼等各种胆怯心理，以勇敢无畏的精神去战胜困难、越过障碍。

5. 自负、逞强的体育疗法

如果你发现自己有好强、自负的特征，就应该选择一些难度较大、动作较复杂的活动，像长跑、技巧等体育项目。喜欢下棋、打球的话，就尽量找一些实力水平超过自己的对手进行比赛，以不断地提醒自己：“山外有山”，万万不能自负、骄傲。

体育锻炼作为心理纠正的治疗方法，还要注意有一定的强度、质量和时间要求。每次锻炼时间在 30 分钟左右，运动量从小到大，循序渐进，同时还要防止发生意外事故。

第四节 社会适应与体育锻炼

在社会生活中，每个人都有自己独特的为人处世原则和待人接物方式。同时，人的成长离不开社会环境，我们所说的社会适应不是为了适应社会的随波逐流、随声附和，而是一种坚持正义的社会适应，它是不失做人准则又能在充满竞争与挑战的社会大潮中立于不败之地的综合能力。社会适应能力是指个体在与社会环境的交互作用中主动改变自己以顺应时代潮流和环境的变化，并利用环境、创造条件从而达到自己较高目标的一种综合能力。社会适应能力是人的智商、情商的有机结合，是德、智、体、美、劳诸方面均衡发展的良好体现。

一、人的社会适应能力的内容

所谓适应，是指植物与动物对外界环境的反应并生存下来的过程。人具有生物与社会双重属性，不仅要适应自然环境，更重要的是适应社会环境。社会适应，是指人在一生过程中对不断变化的外界社会环境，特别是某种社会困境所采取的态度和行为。人对外界社会的适应，包括多种内容，如对风俗习惯的适应、对生活方式的适应、对人际关系的适应，以及对价值观念的适应等。社会适应能力包括学习适应能力、社会工作适应能力、社会交往适应能力、社会生活适应能力等。人对社会环境的适应有接受、忍耐、顺应、支配、保守、反抗、逃避等形式。

二、现代社会对人的社会适应能力的要求

当前社会转型非常迅速，新观念、新事物不断涌现，人们必须适应这些社会变化。人们在社会中自身的地位处境也会发生各种各样的改变，比如搬迁、升学、调动等，都要求人们有一个适应的过程。

一般情况下，人们往往难以让社会适应个人，而是必须适应社会。当人们很快适应社会的时候，就能融入社会，与社会成员一起心情舒畅地共同学习、生活和工作，而当人对社会不适应的时候可能产生反感、抵触、焦虑、压力、紧张等不良的反应，并由此产生各种健康问题，这对现代人的社会适应能力提出了很高的要求。现代社会人才的培养应充分考虑学生的生理、心理以及社会适应能力，以满足未来社会的发展。

三、体育锻炼与社会适应能力的培养

对人的培养与教育，最终目的是使其成为社会所需要的人才，现代人更应是具备各方面的能力、全面发展的高质量的新人。体育作为教育的一个组成部分，在人的社会综合能力的培养方面有着其他学科无法替代的价值与优势。

（一）体育活动与社会适应

当今社会变革异常迅速，高素质人才的基本特征是能够紧跟时代的脉搏，迅速更新知识技能和在变革中表现出积极的应变能力。体育运动技术和运动方式的的灵活应用，对人的社会适应能力具有积极意义。体育活动是一个开放的动态系统，最大表现是运动技术和方式不断追求最佳效用的有序进程。体育活动的参与者一般总是根据自己所追求的目标来选择和使用运动技术和运动方式，同时，为了使自己所追求的目标尽快实现，他们必然要不断地创造和改造现已使用的运动技术和运动方式，得到最佳的功能和效用。体育活动的内容全面、多样，更显层次性，要求参与者在实践中寻找不足、积累经验，采取积极的、有针对性的措施，不断超越自我，体现出自我价值。这极有助于人逐渐形成乐于接受未经历过的生活经验和新的思维方式与新的科学知识的心态。

（二）体育活动能培养人际交往的能力

我国著名的医学心理学家丁瓒教授说：“人类的心理适应，最主要的就是对于人际关系的适应，所以人类的心理病态，主要是由于人际关系的失调而来。”

为了保持身心健康，人们既有生理方面的需要，也需要安全、友谊、爱情、亲情、理解、归属和尊重等心理方面的满足。从一定意义上讲，良好的人际关系是人的生命所需的非常宝贵的滋补剂，人际之间善意相处是一个人诸多能力中重要的、不可缺少的能力之一。要处理好人际关系，须正确地分析自己的长处和不足，客观地评价他人，友好地与人相处。体育活动能增加人与人之间接触和交往的机会。与他人的交往，可使个体忘却烦恼和痛苦，消除孤独感，并能提高自己的社会适应性。有研究表明，外向性格者比内向性格者的社交需要更强烈，这种社交需要通过集体性的体育活动可以得到满足。内向性格者则更应该参与集体性的体育活动，这可使自己的性格得到改善。然而，如果个体仅仅是想通过活动提高与健康有关的体能水平，则应当以个人练习为主。

有研究表明，个体所以为群体所吸引，主要有群体认同、社会强化、体育活动的刺激性以及参与活动的机会等。坚持体育活动者要比中途退出者更能与人形成亲密关系。由此可见，体育活动不仅能促进人的社会交往活动，而且体育锻炼的社会交往特性又会吸引人参与和坚持体育活动。

体育运动，特别是集体项目，需要众人通过默契配合、集体合作、顽强拼搏取胜。在训练和竞赛中，众多人在一起切磋技艺、交流心得、共同演练，这种日积月累的合作往往增进了人与人之间的复杂的情感交流，能够达到增进友谊和交友的目的。

（三）体育活动能培养竞争与合作能力

随着市场经济的发展，社会竞争越来越激烈，为社会的发展带来根本性的巨大动力。激烈的竞争性是现代体育的一个最显著的特点，体育活动为人们创造了一个良好的竞争环境，体育竞赛的瞬息万变和环境气氛的变幻莫测，能培养人的竞争意识，体育运动之所以被人们狂热崇拜，是因为它以最直接、最不加掩饰的竞争方式，呼唤着人的原始动能，激发人体潜在能力的发挥，焕发人们的热情。追逐成就，并在机会均等的条件下遵守游戏规则，能够对人的心理产生积极的影响，进而对培养人的竞争意识起着潜移默化的作用。

体育运动过程是一个自然的潜移默化的教育过程，是在公平原则下实现竞争、合作、协调，学会在竞争中合作、在合作中公平竞争是体育竞赛活动中生存的基本准则。在激烈的竞争中，为寻求胜利，集结成团队，通过活动培养人的群体意识与协作精神，在群体性的体育活动中需要明确自己的角色、责任与作用，体验合作效益与同伴的友谊，从而健全人们的人格。

（四）体育活动有助于培养社会情感和耐挫力

体育的社会情感功能与人的社会心理稳定性有直接联系。所谓心理稳定性，是指人的心理与社会相一致的心理状态，或者叫作人的心理平衡。在正常情况下，人的心理与社会情感保持着平衡。但是快节奏的社会生活会造成人的心理失调，从而引起人的心理状态的异常变化，而参加体育运动能使种种心理失调得到有效调节。

在体育竞赛中，由于对抗性和竞赛结果的不确定性，使观看比赛的人在心理上产生悬念和期望。人们随着瞬息万变的赛场情况，体验着紧张、痛快、敬佩、自豪等情感。当人们自身参加体育活动时，也会获得同样的情感体验。这种情感体验往往能够移情于学习、工作、生活，使人精神振奋、奋发向上、充满信心、勇往直前，产生积极情感的变化。

体育在调节社会情感方面的作用也是非常明显的。例如，从20世纪80年代的“女排精神”，到近年来奥运金牌的获得，使国人为之振奋、自豪，激发了人们的工作热情，从而产生显著的社会效益，充分显示了体育的社会情感功能的深度和广度。随着现代新闻媒介的日益发达，接受这种社会情感体验的人越来越多。一场重大国际比赛，往往100多个国家转播实况，堪称举世瞩目，是其他任何活动所不能比拟的。因此，体育运动在调节社会情感方面，是一种有其特殊成效的重要手段。

体育的社会情感功能具有两面性。人们对比赛的期望值很高，但其结果令人大失所望，会使人产生泄气、颓丧、气愤的情感，因这种情感的大肆发泄而引起赛场闹事的事件国内外时有发生。针对这类社会情感，应当通过宣传，正确引导，使人们对比赛结果的不确定性有心理准备，使消极情绪得以缓解。另外，对可能出现的意外形势和局面，要有充分的估计和措施上的准备，防范于未然，避免事态的扩大。国际大赛如此，即使是学校的比赛也应注意社会情感的各种变化，促进积极的情感，缓解消极的情感。

人在社会生活中，总会遇到这样或那样的挫折，能否承受得起打击，走出困境，这是对人的生理和心理承受能力的考验。体育活动，能使人的耐挫力得到很好的磨炼和提高。在体育活动中，成功与失败、欢乐和忧愁、笑容与眼泪会经常出现，要想从失败走向胜利，只有坚定信念、吃苦耐劳，化不利因素为前进的动力，克服生理负担和心理障碍，才能达到目标。这是一个磨炼人的意志的艰难过程，为人在社会中遭受挫折和困难打下了基础，也为培养人勇于克服困难、承受挫折的品质提供了良好的机会。

社会适应能力是一个人综合素质的重要组成部分，人只有通过社会并完成由自然人到社会人的转变，才能在社会上生存，才能适应社会的需要，人生价值也只有在社会关系中才能得到体现。体育活动的形式、方法为现代人提高综合素质，培养良好的社会适应能力提供了一个独特的平台。

第二章　现代家庭体育的基本理论

第一节　现代家庭

一、现代家庭的概念

现代家庭是个内涵丰富的群体或社会基本单位。随着时代的变化，它在不断地演化，因此对它很难用一个概念就概括地进行定义。众多学者也只是从不同的角度和立场，对家庭进行了不同的理解和解释。

早在2000多年前，柏拉图和亚里士多德，根据他们的哲理，对家庭（家族）的本质进行了探讨和阐述。其中，柏拉图强调家庭只是个人生活的一部分，是独立的、个人的自由，是自己的私生活。亚里士多德与其观点正好相反，强调家庭是和人、环境相互融合、关联的结合体，是和人的生物学、知性、社会、环境等因素分不开的。这两大不同的观点，对后世的学派产生了重要的影响。

二、现代家庭的特征

随着时代的发展，社会在不断变化，人们的生活也在不断地改变，家庭的形式以及职能也在更新。发展到现代社会，家庭的职能在上面讲述的内容上已有了很多改变，家庭结构、家庭理念也出现了似乎令人费解的变化。在家庭急剧演变过程中，现代家庭与以往的家庭在各个方面都表现出不同的特点。对这些特征的了解和把握，是现代家庭经营必不可少的条件，是现代家庭经营的基础。以下从多个角度来对这方面进行探讨。

（一）家庭的“小型化”和复杂化

在农业经济向工业经济过渡中，家庭随着城市逐步扩大越来越向着缩小的方向发展。以工薪为主的经济来源，已不需要大家族的合作生产，家庭从四代同堂到三代，到两代，再到一代；从大家族到家族，到核家庭，到单身也算家庭，家庭经历了较过去超速度的变化。现在家庭基本的形式是两代家庭，特别是在城市里，普遍是夫妇和孩子组成的两代家庭。在伴随家庭形式缩小的同时，家庭结构、组成关系也趋向复杂化。过去普遍意义上的夫妻关系和夫妻子女的血缘关系组成的家庭，到现在未婚单亲家庭、单亲家庭、离婚单亲家庭、离婚再婚家庭等多种家庭结构共存。在离婚再婚家庭中，孩子和继父、继母没有血缘关系，孩子们之间也可能没有血缘关系，家庭处在非常复杂的关系中。同时，分居家庭、异地分住家庭、周末夫妇家庭、未婚同居家庭、同居家庭、丁克族家庭、单身家庭、同性恋家庭等特殊的家庭也相继出现。家庭形式和结构的多样化，也意味着生活方式的多样化和家庭职能的变化。就目前阶段来看，这已构成了现代社会家庭的一个突出特点。

（二）社会的一个单位，家庭内平等和合作

从社会的发展史上来看，由大家族逐渐组成和演化了社会，而随着社会日益的发展和进化，到现代可以说是社会在接纳一个又一个家庭。家庭越来越小，家庭在社会这个大环境里的地位和独立性相对弱化。过去农耕时代，一个家族能左右一个地域的很多方面，现在即使在农村，家族的作用也已没有那么强大。随着经济的发展，农村中以家庭为单位的生产已成为可能，传统大家族的整体性已减弱。由于家庭的小型化，现在的家庭已很少订立传统意义上的家规、家法、家训，社会的道德和规范在一定范围内也是家庭的道德和规范。家庭的成员不仅受到家庭的保护，同时也受到社会的保护。家庭问题不仅是个体家庭的问题，也是社会的问题。家庭、个人的权利不能超出国家赋予的法律权利，弃婴、儿童买卖、多妻、家庭暴力都是违法行为。家长制在削弱，家庭对社会的各个方面具有极强的依附性，如社会的经济决定着家庭经济，社会的文化决定着家庭文化等。

现代社会一个显著特点，就是随着现代工业、商业、科技的发展，适合众多女性就业的职业产生，家庭经济看上去以男性为主的局面已经被打破（过去农耕时代，男耕女织自然分工，由于文化、社会制度等各方面因素的影响，人们一直认为家庭经济是以男性为主创造的，男人养活老婆、孩子。怎样评价女性家务劳动的价值，这是现在一些国家家庭问题研究的重要课题）。女性就业增加，家庭经济的共同分担，使女性在家庭的位置、决策、抚养权等方面都在变化、加强。夫妇间不是所属而是合作的关系，共同主持和维持着家庭。特别是社会主义国家，在男女平等制度下，女性就业率达到了令世界瞩目的程度。女性经济上的自主和独立，使女性在家庭中的地位出现了巨变，同时也使社会主义国家的家庭呈现出独特的风貌。

在现代家庭中，孩子已不是个人的财产，而是社会的资源。子女在家庭中存在的意义并不只是传宗接代、接替父业，更多的是父母精神依靠的对象以及家庭投资的对象、家庭共同体成员的意义存在。随着年龄的增长，孩子的自主权越来越大。对于成婚的子女，父母的作用越来越小，特别是结婚后分出去过的子女，相对又是一个独立的家庭。从家庭存在的周期来看，普遍是从夫妇结婚开始到夫妇相继死亡结束，家庭的体系已从过去的以父子为中心转变为以夫妇为中心。家庭中的个体化行动增多，过去人们的家族至上、家族中心的思想在日益淡化。同时，人们也逐渐地不是按传统意义上的社会规范和习俗去成立家

庭，而是根据自己需要去选择家庭。

（三）生活方式的多样化

家庭形式、家庭存在形态、观念的变化，决定了家庭生活方式的改变；同时，社会经济的发展，人们生活方式的改变也决定了家庭形式和存在形态的改变，这种相互影响、相互制约构成了社会的均衡发展。家庭生活方式较农耕时代出现了相当的变化，家庭自给自足经济解体。即使在农村，家庭自制的非农产品的效益性，相对地要低于交换商品。例如，家织布生产所投入的人力、时间，织出的效果、耐磨度等与大生产专门化、机械化、自动化的产品还有距离。城市居住的生活，基本上靠工资收入维持家庭，家庭职能的生产性逐步转向消费性的再生产，家庭成为社会的重要消费单位。人们用劳动换取工薪，再用工薪换取生活品，并通过一定的家务劳动使生活品变为己需，充实能量后再去工作获取工薪。家务劳动的社会化、商品化、机械化，给家庭生活带来了重大的影响。在减轻家庭劳动负担的同时，也使家庭成员间的相互依存减弱，甚至现在很多家庭出现变异的现象，如单身家庭、同居家庭、分居家庭，也在一定意义上可看作由于家务劳动向外转移的影响。在现代的衣、食、住、行生活中，大部分劳动越来越商品化、社会化，家庭手工已从过去的主要劳动变为次要家务劳动，洗衣服基本是由洗衣机进行了机械代替；住生活里的房子，城市里已商品化；饮食生活里，还需要投入较多的家务劳动，但成品和半成品也越来越多；孩子们的教育已是正规的社会化。人们从繁重的家务劳动中解脱出来，有精力和时间用于业余生活和文化生活。现在的小家庭化和家庭的个体追求，使人们的生活呈现出千姿百态，很难用一个模式来概括生活的样式，估计未来的生活样式将越来越丰富。

（四）家庭问题的尖锐化

按照一些“预言家们”“家庭未来要走向解体”的观点，现在的家庭存在形态不知是否为过渡时期的家庭。随着时代加速发展，家庭在急速变化，传统意义上的家庭职能在消逝，家庭问题也趋于尖锐化。其最根本的家庭问题就是家庭关系的弱化，这也是导致婚外情、分居、离婚等家庭问题发生的原因之一。

家庭关系弱化的主要表现是：夫妇关系的弱化；夫妇和子女关系的弱化；夫妇和长辈关系的弱化；亲属关系的弱化。家庭关系的弱化，首先来自社会变化导致的人们生存方式的改变，家庭中经济的依存和合作减弱。夫妇间的经济独立，夫妇与子女、老人的经济独立，使家庭经济合作的因素减弱。家庭一旦解体和分化，首先是基于彼此各自独立生存的可能（不包括一方的强制行为，如抛弃没有生存能力的妻小）。其次是家庭生活必要的物质材料（家务劳动产品）的社会化，又进一步削弱了家人间的相互依存。一个单身父亲带一个孩子的男性单亲家庭的生活，要比过去成为可能容易得多，更何况男性单身家庭。特别是在发达的国家，家务劳动商品化极高，低级的、简单的家务劳动都可以寻求社会代替，即使是老了，还有社会福利机构，因此“家庭”不再是人们生活的唯一必需。同时，子女出生率的降低，虽然有导致家庭关系加强的一面，却又在很大程度上导致家庭关系的削弱，例如，父母和独生子女的关系可能比和多子女的关系紧密，但与此同时夫妇间通过孩子结成的关系相对弱化，夫妇间在离婚时考虑的因素随着孩子减少可能会越少。另外是人们价值观念的转变。社会的加速开放和广泛交流，使男女对婚姻的观念，社会对离婚、分居的看法，已和过去有很大的不同。交流的机会增多，甚至跨民族、跨国籍的交往已不是难事，使夫妇间关系维持的障碍因素增多。像《红楼梦》所描写的家族内的爱情和婚外关系，在现代社会里发生率要降低，因为在机械化交通工具产生以前，对一般人来说，就是走上一百里也并非件易事。

现代社会给家庭带来的另一大难题，就是失业。随着都市化的进程，自给自足的经济丧失，社会竞争的激烈，职业的不稳定性，使家庭也同时存在着不稳定因素。家庭一旦面临经济来源的丧失或暂时的丧失，都会给家庭生活带来这样或那样的影响，这也是造成家庭问题的一个重要原因。

三、家庭对现代人的意义

现代家庭在传统家庭的模式上已有了很大的改变。它面临着亟待解决的各种问题，也面临着各种挑战。原有的家庭观念、固有的家庭职能，已不能完全适应今天的人们。那么，家庭对现代人的意义何在？这是在探讨家庭经营之前应该明确的问题，如果不是这样，家庭经营也就没有方向或迷失方向。在今天快速发展的时代，家庭的职能虽然在加速变化，但就当前来看，家庭对人们普遍的意义大致有以下三大方面。

（一）相对独立、互助的生活共同体

生活的共同体是一个家庭最本质的职能，今天仍然对人具有重要的意义。甚至在今天，生活职能仍可能要凌驾于家庭基本职能之上。人们可以不生育，也不养育，但并不影响日子过得红红火火。人们更重视生活的本身，更重视生活的历程。在人们生活的历程中，是孑身上路，还是搭伴而行，人们已有很大的主动性，现在人们大都选择搭伴而行，这样就仍需要家庭。尽管孩子的降生没有选择家庭的自由，但一般来说，家庭对他们是适合的。他们在家庭中处于轴心地位，随着人口出生率的降低，在有孩子的家庭中这种趋势越来越明显。即使不是这样，家庭中夫妇、子女的地位也是等边三角形，三者各占一方。过去以父权为中心的家庭体制在变化（尽管父权在家庭中仍有相当的存在），家庭可以看作人们为了更好生活走到一起来的。也许现在对家庭的看法、谈论会出现自相矛盾，这也正是家庭现在本身复杂化的体现。作为人的原本，从动物的属性来看，人是喜欢群居、结体的。但随着人的进化、社会的进步，人的工作空间和人的生活空间逐步分离，人自身的、隐私的、相对独立的空间的需求在增强。特别是当今信息时代，在私有资源随时都能

失去的环境中，独立的私人空间就更为人所需要。因此，即使是单身，也愿有自己的家。但是众多的人，还是为了爱、为了性、为了生活、为了延续自己的血脉仍延续自古已有的模式，选择异性作为伙伴组成家庭，这就形成了相对独立的生活共同体，即现代家庭。既然是生活的共同体，那么彼此间就应该相互合作经营生活。虽然家庭的分工不可能像社会生产一样平均、平等、按劳取酬，但索取和过分地牺牲，对现代家庭和个人来说，是存在不利因素的，因为这不符合家庭是合作生活共同体的职能（除特殊丧失合作生活能力的情况）。家庭的生活需要，基本是衣、食、住、行。即使现代家务劳动已高度社会化，也只是提供方式的变化，这几个方面仍是家庭生活经营的基础，而且现代生活对这几方面的要求越来越高。

（二）精神慰藉、结成特定关系的场所

人作为超级的、特定的群类，不仅具有生理的、物质的需求，同时更存在着精神上的需求和渴望。这些虽然可以通过职业、社会集团、亲朋好友的往来和帮助得到满足和实现，但家庭是人们除了工作岗位以外，生活停留时间最长的地方。而人在职业岗位上主要的任务是工作，人与人的关系是同事关系，彼此之间存在着私的界限。同时，职业上人与人的竞争又相当激烈，因此人的精神需求不可能在职业上得到完全的满足。现代社会中，时间资源相对缺乏和昂贵，随着家庭的小型化，亲朋们都有相对独立的生活系统，不可能随时随地按着你的需求招之即来。而家庭却不同，它本身就是一个私的独立空间，人们朝夕相处，具有极大的便利和随意性。特别是以爱、性、血缘、生活等为纽带的家庭构成，这本身之间相互各方面的作用，是很难分清哪个是物质的、生理的、精神的。性里有爱，爱里有性；物里有爱，爱里有物。因此可以说，家庭是生活共同体的同时，又应该是相互精神慰藉的结合体。

现代社会里，由于日益都市化、商品化，人们生活在紧张、压力中，加上家庭的小型化、下一代人数的缩小化，人们所处的社会关系体系相对简单化（或许有人说，现代人的交往非常频繁。但本书的观点认为，那是有境界的交往，与过去那种千丝万缕的家族、宗族关系是不同的），人们生活在相对的个体中。同时，生活保障和经济水平在不断提高，这些因素促使人们对精神生活的需求更加强烈，而家庭这个特殊的结合体在这方面具有极强的作用。如果家庭的精神慰藉满足不了家人的需要，那么即使有血缘关系、有性关系，也可能在精神上产生裂痕和分离，家庭的结构就会松散，家庭就可能向外发展，也可能走向解体。在家庭中，精神上的需要是多方面的，或许不像物质“有形有色”，但同样需要共同经营，而且比物质经营复杂得多。家庭慰藉，不仅指男女双方，孩子、老人也包括在内，都需要爱、尊重、重视、关怀、理解、支持、信任、帮助；精神上的轻松、舒服、充实、快乐、幸福感、自信感、安全感等。而家庭要全部给予这些，并非件易事，如果都能轻易做到，那人世间就少了悲欢离合。

（三）欲望的实现地，再发展的出发地

不论物质的满足，还是精神上的满足，人的欲望是无止境的（这里指符合社会伦理道德的人的正常欲望）。如果人没有欲望，社会也就无法进步，历史也就毫无意义。人的欲望实现即使是正常的，也不是信手拈来，需要自己的努力、家庭的帮助、社会提供适合的平台。然而社会是大众的集团和场所，对一般人来说，社会是不可能以个人意志为转移的，故要求个人的欲望符合集体的欲望。除兴趣等一些欲望外，一般来说，现代人家庭外的欲望满足主要靠经济手段来交换。想吃汉堡包需要用钱去买，想看电影也一样。即使是心理上的难题需要解决，也要花钱找心理医生。而家庭就不同，家庭是非营利单位。人们在家庭欲望的满足，体现不出直接的交换性，想吃就吃、想睡就睡。从人本主义的角度来看，家庭是最符合人性的场所。家庭从本质上说，是人欲望的实现地，而不是禁欲之地。特别是人的创意欲，在家庭可以得到充分的施展，不论是对大人还是对孩子，尤其是对孩子的发展更具有重要的意义。如果家庭对看似“没有意义”的孩子的创意欲进行限制的话，那么将可能影响孩子一生创意欲的发挥。

对人的欲望变化、再发展的需求，家庭也是最好的适应地和出发地。家庭中人们朝夕相处、相互作用，对于家庭成员的细微变化，家庭成员间是最先感觉到的。一般来说，家庭的计划和措施是以人的变化（正常的发展和变化）为转移的。如果家庭成员需求变了，家庭的一切还停滞不前（有能力的条件下），那么家庭的生活体系将出现矛盾，人的生活满足度也会降低。社会集团不会去适应某个人的愿望，更不会适应某个人欲望的变化，而是以群体为视点的。尽管人们对社会各方面有一定的要求，但不会像对家庭成员要求的那样强烈。人们可能对社会不满，但很难脱离社会；但人们对家庭不满，却能走出家庭。家庭看起来虽小，却是一个极难经营的单位，特别是在现代社会里，家庭的不利因素四起。如果家庭在人的生活、在促进人性发展方面失去了优势，那么家庭危机可能随时到来。家庭不仅提供了孩子成长的养料，提供了成人再工作、再生产的能量，同时也提供了家庭成员对物的追求和欲望，这方面虽然每个家庭的生活方式不一样，但如果有一定的物质和经济基础，经营起来就不会很难。特别是现代家庭物质的提供向社会转移，人的基本物的需求满足相对越来越高，但人的精神需求不断得到满足确是极复杂、极难的工程，是历代人们、学者去挖掘的奥秘，也是很难解开的谜底。虽然理论研究较多，但人的精神欲望变化和发展是复杂的，只能进行普遍的归类。而家庭这个特殊关系的结合体，比起其他社会存在来说，是最能缓解和解决这个难题的。人们不难发现，身边很多贫困家庭生活得热火朝天；而金砖碧瓦的屋檐下，却冰天雪地，可见人的能动性极大。如果家庭无法给人一片天，无法成为人的发展地（并非仅指去成就大事业），那家庭的职能会削弱，人的自身资源会流失，甚至人的命运也会改变。

从上面的阐述中可以看出，家庭对现代人并不是可有可无的存在，只是在它失去职能时或

误认为对自己没有意义时，人们才放弃（离婚、离家出走、不婚）了家庭（普通意义上的家庭），选择了适合自己的生存方式。就家庭本身特有的职能来看，它仍是现代人互爱、互敬、互助、互动、互信、互乐的最好场所和单位，是人能够把握、可以把握的自己的天地。

第二节　现代家庭体育

“一切社会之中最古老而又唯一自然的社会，就是家庭。”在中国传统社会中，家庭是最常规和最基本的单位，它既具普遍性，又具有不可再分割的特性。家庭建设是培育和弘扬社会主义核心价值观的重要基础。家庭教育是一切教育的基础，又是家庭建设的基础性工程。在《“健康中国2030”规划纲要》的指导下，家庭体育因其自身独特的优势和功能的多样化，正逐渐成为现代家庭教育的重要方式之一。

一、家庭教育与家庭体育

（一）家庭教育

家庭教育是伴随人一生的教育，是“父母或其他年长者在家庭内自觉地、有层次地对子女进行的教育”。苏霍姆林斯基说过：“良好的教育是建立在良好的家庭教育的基础上的。”因为家庭被学者们普遍认为是“人生最初的学校”。蔡元培认为，家庭教育是人一生发展的关键所在，不可忽视，虽然它表现出来的是“薄物细故”，但“往往终其身耳不忘”。中华民族对家庭教育理论的研究可谓源远流长。从最初记载的“孟母三迁”“孔子育子”等闻名后世的教育典故到被誉为“古今家训之祖”的中国古代第一本家庭教育理论专著《颜氏家训》，中国家庭教育思想从萌芽逐渐走向了理论化、系统化。几千年来，中国形成了以“修、齐、治、平”为内容的伦理型家庭教育理论，对家庭、国家和社会的发展起到了重大的作用。

（二）家庭体育

我国对家庭体育的研究始于20世纪80年代。家庭体育是以家庭成员为主体，为满足家庭成员的自身需求而进行的直接或间接的体育活动。家庭体育是一种融亲情于体育活动、寓教育于体育活动、化体育于生活之中的社会现象，它是促进人全面发展的有效途径。家庭体育具有对象全民化、实施简易化、发展持续化、功能多样化的特点，它既可以满足家庭成员的兴趣爱好和健康需求，又能丰富家庭生活、增强家庭成员之间的凝聚力、促进家庭的和谐发展。家庭体育能够使家庭成员在民主、文明、和谐、欢快的氛围中增进感情、促进了解、淡化分歧并达到促使家庭成员身心健康发展与不断自我完善的目的。随着我国社会经济的迅速发展，人们的经济收入、生活水平、受教育程度都有着不同程度的提高，余暇时间也越来越多。花钱买健康，追求健康、文明与和谐的生活方式成为我国社会生活的新时尚。这些都为我国家庭体育的蓬勃发展夯实了基础、提供了动力之源，并使家庭体育在现代家庭生活中发挥着越发重要的作用。

二、中国现代家庭教育变迁

我国现代家庭教育的变迁可总结为以下五个方面：①家庭教育的目的由“望子成龙”向“成人”教育在先的转变，更加注重孩子的身心健康发展；②家庭教育从“知识本位”教育观向“人的全面发展”教育观的转变，全面提高孩子的综合素质；③家庭教育由家长主导、监控向培养个性、鼓励孩子自主选择的转变，使孩子尽早成为“独立人”和“社会人”；④家庭教育由灌输式向自主学习和创新能力培养的转变，注重能力，挖掘潜力；⑤家庭教育的内容由伦理、等级制度教育向融入生命教育的转变，侧重培养孩子正确的价值观和良好的生活方式。

三、家庭体育在中国现代家庭教育中的作用

从 20 世纪 90 年代初起，国家颁布了一系列涉及家庭教育的政策、法规文件。如《未成年人保护法》、《90 年代中国儿童发展规划纲要》、《教育规划纲要》和《国家中长期教育改革和发展规划纲要（2010—2020 年）》，无不强调了家庭教育的重要性。要探究家庭体育在家庭教育中的作用，首先我们得正确地认识体育对人的重要性。蔡元培曾指出，“有健全的身体，始有健全的精神”“完全人格，首在体育”。毛泽东把体育的作用概括为，“强筋骨、增知识、调感情、强意志”，并强调“体育于吾人实占第一位置”。马约翰认为，体育的作用主要包括：促进骨骼与肌肉的生长发育，促进机体内脏器官及神经的健康，有利于优秀品质和良好习惯的培养。可见，体育对于人的发展有着基础及核心的功效。家庭体育是家庭教育的一部分，在发展儿童青少年身体素质的同时，也内在地包含着对智、德、美等诸育的积极促进作用。在“以人为本”“健康第一”发展观的指导下，现代家庭教育最明显的特征就是把孩子身心健康发展放在第一位。这就决定了家庭体育在现代家庭教育中的基础与核心地位。

（一）家庭体质健康教育的重要途径

自改革开放以来，中国经济的高速增长举世瞩目。虽然人民生活水平逐年提高，但是关于我国儿童肥胖率增高、青少年体质逐年下滑的报道屡见不鲜。这个已成事实的社会现象引起了社会各界人士的广泛关注和重视，广大学者及社会工作者为之忧虑者甚。“少年强则国强”的呼喊声仍在人们耳边回荡。家庭是儿童青少年成长的重要环境。家庭体育的基本功能是健体，它是人学习体育知识、技能的“第一课堂”，是学校体育的“第二课

堂”，是提高儿童青少年身体素质的重要途径。儿童青少年体质健康基础的好与坏和体育意识、体育价值观的建立很大程度上取决于家庭因素。虽然家庭体育是家庭体质健康教育的重要途径，已是一个无多大争议的客观事实，但在高考“指挥棒”和中华传统“静态”文化观念的影响下，很多家庭还是出现了重“智”轻“体”，甚至是排斥体育的教育思想、观念。因此，家长对家庭体育教育的不重视，甚至是歧视，也可以看作我国儿童青少年体质下滑的重要因素之一。

（二）促进儿童青少年心理健康发展的重要方式

生理健康、心理健康、具备一定的社会适应能力是国际卫生组织对健康人的衡量标准。随着我国居民生活水平的提高，儿童青少年建立在营养基础上的生理健康已不是主要问题，反而儿童青少年的心理健康状况更易引起家长及社会的关注。近年来，由于儿童青少年的心理健康问题引发的家庭悲剧屡见报端。喜欢玩乐是孩子的天性，家庭体育在带给孩子欢乐的同时，也对孩子的心理和个性起着积极的引导作用。活动参与者之间的特殊关系，使家庭体育具有很强的亲和力、感染力。家庭体育虽然也是一种教育方式，但它却显著区别于学校体育。学校体育有着传授体育知识与技能的目的与任务，而家庭体育则大多是以儿童青少年的身心协调发展为目标，通过“健全身体”来培育“健全人格”，进而实现儿童青少年身心健康发展的最终目的。在以亲情为催化剂的体育活动中，在亲人的陪同、关爱、鼓励、正确引导和帮助下，有利于儿童青少年自然地、潜移默化地或有意识地去改正自身存在的问题或尝试完善自我，有利于促使儿童青少年形成乐观、活泼开朗、积极向上的心理特点和精神面貌。另外，随着中国家庭生活水平的改善和休闲时代的到来，越来越多的家庭选择了体育旅游、户外远行等活动方式来进行健身、娱乐、休闲。这就使儿童青少年能够有更多的机会与大自然进行亲密的接触，并在运动、休闲、游玩等活动中释放心理压力，回归童真，展现真我，在此过程中家长也会对孩子的心理状况有更多的了解，从而做到有的放矢。

（三）有利于儿童青少年的社会化发展

每个人的成长都经历了由“生物人”到“社会人”的过程，这就是个体的社会化，即“将一个‘自然人’转化为一个能适应一定的社会环境、参与社会生活、履行一定的社会角色的‘社会人’的过程”。个人的社会化是其认识与适应既定环境的过程，其中教育起着不可或缺的作用。“教育是个人社会化的主要媒介，它培养个人扮演角色所必需的‘承诺感和能力’。”家庭是个人社会化最重要的环境。随着优生、优育政策的贯彻与实施，独生子女的家庭教育问题已越来越突出。家长的溺爱，使孩子“以自我为中心”的思想越发巩固，对其以后融入社会生活产生了一定的阻碍。家庭体育有利于促进儿童青少年的社会化发展，其作用主要体现在四个方面：①家庭体育对儿童青少年的基本生活技能和体育技能水平的提高起到了重要的作用；②家庭体育或者以家庭为归属的体育活动形式对儿童青少年的团体协作与竞争意识、人际交往能力的提高有很大帮助；③家庭体育能够使儿童青少年形成良好的生活习惯、优良的道德品质、积极的人生观等，使其能够更好地适应社会生活及社会环境的变化；④家庭体育中角色的转换、规则与诺言的遵守、义务与权利的运用，有助于儿童青少年更好地适应和融入社会。

（四）对儿童青少年德、智、美的辅助作用

1. 辅德作用

儿童青少年的德育是一项奠基工程，它是现代教育的重要组成部分，是培养新一代具有优秀品行和健全人格的接班人的核心环节。教子做人，是家庭教育的主要和根本的任务，其核心为品德教育。“德智皆寄于体”，德育和体育是对立统一的，它们之间是相互制约和促进的关系。所谓“言传不如身教”，家庭体育“以身示范”的直观行为方式，易使儿童青少年在品德教育上达成效仿或潜移默化的效果。同时，家庭体育的开展，能够促进家庭成员之间的交流，使家庭关系更加稳固，有利于为儿童青少年营造一个和谐、温馨、健康的家庭环境，进而使家庭美德得以传承。

2. 益智作用

开发儿童青少年的智力，是教育的主要目的之一，是教育领域的一个恒久的话题。智力是一个抽象的概念，它是人的思维、记忆、判断、想象等能力的综合体现。在家庭体育中，儿童青少年学习并掌握体育技能的过程亦是一个促进智力开发的过程。为了掌握某个技术动作，他们要经过认真地观察、聆听、模仿、练习、理解、领悟等过程。从技能学习的角度来说，他们经历了初步掌握动作技能阶段、改正与提高动作技能阶段、动作技能的巩固与自动化阶段。而这些过程或者阶段对儿童青少年的观察力、理解能力、分析能力、模仿力等智力因素又有着积极的影响。体育技能的学习是一项身心参与的、具有创造性的活动，为其智力的开发提供了有利条件。通过长期的家庭体育锻炼对儿童青少年的性格、意志、情感等非智力因素会产生积极的影响，并为其智力的开发提供有力的支持。

3. 美育作用

美育“是一种审美情感教育，调节情感、塑造心灵是它的基本功能”。体育是人健全自身、塑造完美生命人格的一种高级行为方式。哲学家柏拉图认为，“心灵的美化和肉体的健美是内在一致的”。可见，体育与美育是相互支持、相互渗透、交织在一起的。体育美包含着自然属性和蕴含于自然因素中的社会属性。具有自然属性的人体是体育美的基础。体育运动中的美都是以人体美为基础，其表现形式包括运动美、造型美、动作美、技术美、战术美、姿态美、肌肉美、精神美、行为美等。家庭体育的活动过程，也是儿童青少年认识美、感受美、表现美、创造美的过程。家庭体育能够让儿童青少年感知体育运动

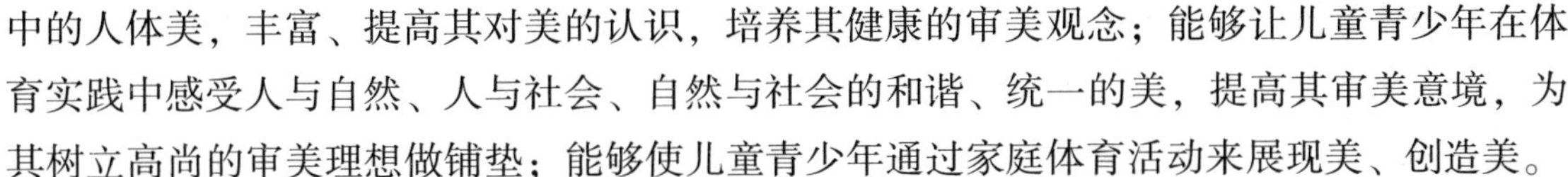

中的人体美，丰富、提高其对美的认识，培养其健康的审美观念；能够让儿童青少年在体育实践中感受人与自然、人与社会、自然与社会的和谐、统一的美，提高其审美意境，为其树立高尚的审美理想做铺垫；能够使儿童青少年通过家庭体育活动来展现美、创造美。

（五）家庭生命教育的重要内容

生命意识的凸显，是21世纪社会发展和人类生活的真实写照。在享受科学技术日新月异发展的同时，人类正承受与应对着自然灾害的袭击、生存环境的恶劣化、精神家园的失落、战争、疾病等威胁、销蚀、剥夺人的生命存在的困扰。生命教育是“以生命为核心，以教育手段，引导学生认识生命、珍惜生命、尊重生命、爱护生命、享受生命、超越生命的一种提升生命质量、获得生命价值的教育活动”。如何教导儿童青少年认识生命、珍惜生命、关爱生命、体验生命，已成为学校、家庭和社会广泛关注的问题。家庭是人的生命诞生的基本条件和最初的社会背景，也是生命最普遍的价值和意义体现，是生命的归属。自20世纪90年代以来，我国教育界相继提出了“教育是提高人的生命质量而进行的活动”“教育源于生命发展的需要”“生命是教育的起点”等新的教育理念，强调了生命教育对于人的发展的重要意义。家庭体育是现代家庭教育的重要方式，其过程也包含着对儿童青少年树立正确的、积极向上的生命观的教育。

（1）家庭体育是对儿童青少年生命本能的释放。快乐情感是作为社会人的一种本能的需求，是生命存在的目的之一。自由、快乐、无忧无虑的游戏、玩是儿童青少年阶段自然生命的本真需求的自然体现。生命在于运动。家庭体育有助于促进儿童青少年的身体发育，且是一种积极性的生理、心理上的释放方式，它使儿童青少年在自由、合理化的身体文化活动中释放多余的精力、发泄不良的情绪并通过这个过程获得情感上的快乐体验。家庭体育让儿童青少年在快乐与生命本真当中展现自我、释放自我、成为自我，进而领悟到生命的存在与生命的本能需求，为树立正确的生命价值观念奠定基础。

（2）家庭体育为儿童青少年体验生命创造条件。体育是体验生命的一种方式，它使生命的主体与对象融为一体。家庭体育对于儿童青少年来说，是一种直接的、生动的、鲜活的生命体验。在直观感性的、丰富多彩的、内涵不断变化的家庭体育运动的过程中，儿童青少年可以体验到激情、乐趣、挑战、挫折、成功、失败、竞争、超越、团队合作、角色转变、人与自然的和谐相处、成长等生命感受，并内化为调动生命激情、感受生命乐趣、激发生命灵感的动力源泉。以此来唤醒儿童青少年对生命的认识与理解，并逐步引导其产生珍惜生命、关爱生命、尊重生命、爱护生命、享受生命的意识与理念。

（3）家庭体育有利于儿童青少年对于生命的超越性理解。生命的价值不仅要求人全面、和谐地发展，而且蕴含着创造性与超越性的发展需求。种生命规定着人的有限性和生物性，类生命规定着人的无限性、精神性和社会性。体育运动本身蕴含着创造与超越的元素。在家庭体育活动中，首先要尊重儿童青少年的自主性选择，并引导其对选择的意义及责任的相关思考；其次要根据他们的个体差异及自我实现能力，来最大限度地发展他们的潜力。当儿童青少年突破自我技能的运动极限时，便完成了对自然生命的超越，并使精神生命升华到一个新的层面。

高尔基曾说道："爱护子女这是母鸡都会做的事情，然而会教育子女这就是一件伟大的国家事业了。"当前，习近平总书记也把注重家庭、家教、家风建设与中华民族的伟大复兴联系在一起，足以证明家庭、家庭教育在社会发展中的重要性。重视、落实、发挥家庭体育在家庭教育中的重要作用，促进儿童青少年的全面发展，是在家庭教育中贯彻以人为本和科学发展观的内在要求和具体体现。

第三节　现代家庭体育的发展

一、家庭体育研究现状

家庭体育是指一人或多人在家庭生活中安排的或自愿以家庭名义参与的，以身体练习为基本手段，以获得运动知识技能、满足兴趣爱好、丰富家庭生活、达到休闲娱乐、实现强身健体和促进家庭稳定为主要目的的教育过程和文化活动。随着经济的转轨和社会的转型，我国家庭的规模、结构、关系、生活和功能等发生了深刻的变化。在社会体育蓬勃发展的新形势下，家庭体育的地位和作用日益凸显。通过对"中国知网"中 1995 年以来的期刊论文和优秀硕士学位论文中相关论文的检索、筛选和研读，概括和分析我国家庭体育研究现状及发展趋势，旨在为家庭体育的研究和发展提供参考依据。

（一）国外家庭体育研究

国外家庭体育研究，主要有刘德佩的《家庭对日本高中生参与体育的影响》和闫丽慧的《浅议国外家庭体育健身的兴起与新理念》等文章。前者是分析日本的家庭经济状况，父母职业，受教育程度，兄弟姐妹的数量和结构、排行顺序等家庭内部因素对子女参与体育的影响。其分析视角新颖，因素挖掘全面，对分析家庭自身的制约因素有较高的参考价值。后者是从人的价值和自我完善意识的提升、全民健身计划的实施、家庭物质条件和生活质量的提高等方面阐述了国外家庭体育兴起的原因，并说明了 21 世纪国外家庭体育产生了如追求标准的高层次的生活、人们舍得花钱买健康、健身内容多样化、家庭体育健身更趋向科学和合理化、更加注重与自然环境的融合统一等新的观念。

（二）国内家庭体育研究

1. 家庭体育地位和作用研究

该选题的焦点主要是阐述家庭体育在学校教育、学校体育、终身体育、全民健身和构建社会主义和谐社会中的地位和作用。代表性研究有吴恒晔的《家庭在学生体质健康教育中的作用与局限》、万益民的《我国学校体育与家庭体育的若干关系探讨》、张志的《家庭体育在孩子体育意识形成过程中的作用研究》、周传志等的《家庭体育——全民健身的突破口》、胡爱武的《家庭体育奠定儿童终身体育基础的研究》、陈济川的《家庭体育——实现全民健身运动可持续发展的落脚点》、曹士云等的《家庭体育在构建和谐社会中的功能与效益的研究》、关青等的《论家庭体育在构建和谐社会中的作用》等。众多观点认为，家庭体育的地位和作用主要表现如下。①从教育的视角看，家庭体育的开展对儿童体育兴趣、爱好的培养具有重要的作用，是儿童体育意识和健身观念逐步形成的最佳方式。家长必须走出思想上的误区，将体育锻炼视为家庭生活重要内容并带领孩子经常地参与，从而形成良好的家庭体育氛围，为儿童终身体育奠定良好的基础；另外，家庭体育的开展对提高学生身体和心理的健康水平，促进孩子全面发展有着不可替代的作用。②从全民健身的立场看，家庭体育是全民健身的突破口，是全民健身的起点，是实现全民健身可持续性发展的落脚点；脱离了家庭体育，构建完善的全民健身体系将成为空中楼阁。③从人的生存与社会和谐发展的角度看，随着经济社会的发展和进步，小康社会进程中的人们对身心健康、家庭的平安和社会的稳定倍加珍视。家庭体育已成为促进人的身心健康全面发展，改善和提高人民群众的生活质量，促进家庭成员之间、家庭与社会之间、家庭与自然之间和谐相处的新需求。

2. 家庭体育现状和对策研究

该研究主要是调查全国或局部地区家庭体育现状并提出对策，也有将多地区现状进行比较的。代表性成果有刘江南等的《穗、深、港家庭体育的比较研究》、刘永东等的《香港家庭体育的现状与发展对策研究》、陈雁飞的《北京城区小学学生家庭体育现状的调查与分析》、周传志的《武汉市家庭体育现状与发展建议》、林新利的《家庭体育发展分析》、陈海燕的《安徽省家庭体育现状调查研究》等。从众成果中描述的共性看，我国居民已经具有一定的身体健康和体育活动意识，体育在家庭生活中占有一定的位置，但普遍在体育功能的认识上还缺乏整体化观念，家庭体育意识差、组织化程度低，家庭体育人口不均衡，家庭体育消费水平低。研究中从加强宣传教育，强化体育观念；引导家庭居民参加学校、社区的体育活动；家庭应优化生活方式，消除现代文明病的负面影响，在闲暇时间用健康积极的体育活动充实日常生活；加大社会体育的投入，弥补家庭体育设施的不足；开放现有体育场地，为家庭体育提供必要条件；举办家庭体育运动会和家庭体育节，扩大家庭体育的组织形式；加强对家庭体育的指导，传授体育锻炼方法；建立有关促进家庭体育发展的政策和法规等方面提出发展对策。

3. 家庭体育其他方面研究

这主要指不属于上述范围的研究家庭体育的其他文献。代表作有叶展红的《关于开展家庭体育的构想》、盛治进的《我国城市家庭体育发展相对滞后的社会学分析》、白莉等的《小康社会背景下家庭体育和全民健身体育的发展趋势》、李彬彬等的《家庭影响青少年体育参与的研究进展》、王健的《十年来我国家庭体育研究的文献计量学分析》、尤双从等的《我国家庭体育发展现状的研究综述》等。上述文献中有的从家庭体育的内涵及其特点、开展家庭体育健身的社会功能、家庭体育内容与方法的框架、家庭体育实施方法四个方面提出家庭体育的观点和实施建议。有的从经济条件差、家庭结构的变迁、社会压力大和社区体育落后等方面分析了影响家庭体育发展的客观因素，从思想观念、教育观念和政策机制等方面阐述影响家庭体育发展的主观因素。还有一部分文献属于综述性研究，主要从文献计量学的视角对在家庭体育某一领域研究的学术论文的数量、研究对象、研究方法和研究内容等进行描述，并分析研究取得的成绩和存在的欠缺等。

二、家庭体育的作用

（一）符合时代特征，有利于个性化的运动选择

当下的社会是一个典型的科技社会，数字化、互联网技术的发展深刻地改变了人们的生活方式，在体育锻炼这一方面，人们进行体育锻炼的环境也有了很大的改变。如今，利用微信等新型的信息交互平台，在开展家庭体育这一团体性质的体育锻炼活动时，可以很好地实现有效的沟通交流。这样的新的沟通方式的出现，很大程度上克服了传统的体育锻炼活动中普遍存在的缺乏交互性的问题，能够让体育活动中的多个参与主体及时交流沟通，以取得更好的体育锻炼效果。家庭体育的每一参与者都可以利用这些新兴的交流工具做好信息上的协调，这正是在当下这个新媒体时代，以现代化的技术作为和谐社会构建的推动力的一大表现。

家庭体育的锻炼形式可以随着家庭成员的身体素质状况和家庭成员所偏好的运动项目来做出调整，不用过多地考虑时间和地点的限制，家庭成员可以接触到更多、更新的体育锻炼方式。个性化的运动项目的选择是家庭体育的一大优势体现，不仅能够充分地符合锻炼者对于运动项目的主观期许，而且可以与锻炼者自身的身体状况达到极为良好的匹配。

（二）强化民众身体素质，减轻医疗负担

家庭体育的普及，可以进一步地实现全面运动的目标，从根本上起到增强民众的身体素质的作用。在和谐社会的构建过程中，培养人们对于体育运动的兴趣，并以此来提高人们的身体素质，能够有效地打下个人全面发展的基础。在新时期，经济快速发展的背后带来的是不同家庭、不同人群的生活习惯的显著差别，不健康的生活方式随处可见。利用好家庭体育活动的开展，能够更好地协调不同人群间作息时间的差异，使人们的锻炼需求得到有效的满足。以适量且有效的体育锻炼来增强民众体质，能够从整体上调节全面的身体

素质状况，从而起到减轻社会医疗负担的作用。就实际情况而言，我国的医疗仍旧是存在着发展不平衡的问题，尚且没有全面覆盖的医疗保险、过于庞大的医疗支出、落后地区不达标的医疗水平等都是不可否认的严重影响社会和谐的因素。因此，通过家庭体育实现全民体质的改善，降低人们生病的概率，能够很大程度上应对我国医疗发展上面临的种种不足，以此降低医疗问题引发社会问题的可能性，维护社会的安定与和谐。

（三）改善家庭情绪环境，调节整体社会氛围

家庭体育活动的开展，亦是家庭成员沟通交流的极好的机会，在利用体育活动释放压力的同时，也能构建更加和睦的家庭关系。在体育锻炼中，家庭成员间年龄、辈分、职业等因素所导致的差异会被无限地缩小，家庭成员可以在一个平等的地位上进行交流，同时家庭体育也为家庭成员提供了更多的话题。通过家庭体育活动的展开，家庭成员可以更深地交流感情，在家人的陪伴下用体育锻炼来调整自身的精神面貌，以实现家庭范围内的和谐。而这种家庭关系的和谐会自然而然地上升为社会关系的和谐，这对于调整整体的社会氛围有着非常显著的效果。

三、家庭体育的构想

（一）家庭体育内容与形式不断创新

家庭体育内容的文化性、娱乐性大大增强，除了一些传统的羽毛球、乒乓球、慢跑、步行等活动外，还将纳入许多西方国家的体育内容。这些体育活动的选择一般是安全性与趣味性相结合，消费不高，运动量适中，例如，三代 5 人拔河比赛、独生子女家庭 3 人钻袋接力、婆孙带圈跑等，体现家庭的尊老爱幼、互敬互爱，并起到寓教于乐的效果。也可开展一些户外活动，如目前正兴起的定向运动，可作为一项家庭体育活动来开展。一家人来到郊外，不仅可以领略到大自然的质朴秀丽的风光，还可以在比赛中一家人齐心协力、克服比赛中的各种困难共同获得比赛胜利。这样的比赛，能大大促进家庭和睦，增强整个家庭的向心力和凝聚力。从形式上看，家庭体育消费不断增加，随着家庭经济收入的提高和体育产业的不断发展，大量高新体育运动器材用品进入家庭，家庭体育从直观简单向健康文明、科学的方面发展。

（二）家庭体育的社会功能发生转变

随着我国全民健身计划实施的不断深入，人们逐渐树立“健康第一”的思想，家庭体育的调节，必将改变以往与一家人参加锻炼多是为了家人团聚、改善关系、和睦相处的传统思维模式，而转变为以增强体质、促进健康为首要任务。

（三）学校体育、家庭体育相互渗透

顺应社会和时代潮流，学校教育由“应试教育”向“素质教育”转轨，学校体育担负重任，学校体育教学体系必须发生根本改变。更新观念，体育教育不仅局限于学校教育，应走出去把教育的对象和范围扩大到学生的家庭，改革活动课教学模式，邀请学生的家长参与，使其了解学校体育活动课的情况，以便家长利用寒暑假和节假日对子女进行体育教育，使学校体育与家庭体育有机结合，取长补短、互相渗透。拓宽体育教育环境，营造一个身体锻炼的良好氛围。

（四）家庭体育与社区体育一体化

社区是城市的细胞，家庭是社区的细胞。每一个社区由许多类型的家庭组成，家庭体育的发展可以促进各个家庭之间的感情交流，培养共同意识，形成良好人际关系，使社区的活性大大提高。社区有许多不同于家庭的特性，又与家庭保持着密切的关系。社区可以举办家庭体育辅导班，向学生家长传授体育教育的知识、方法、技术技能以及保健、卫生等知识，并组织家庭成员对家庭体育、社区体育的经验和体会进行交流。培养他们掌握科学的体育知识和锻炼方法，并形成良好、健康的生活方式。

四、家庭体育生活化

中国特色社会主义进入新时代，以习近平同志为核心的党中央从治国理政的高度就新时代我国体育改革提出儿童青少年体育发展、全民健身体育事业、实现健康中国、建设体育强国、深化体教融合等战略举措，集中指向了体育生活化的时代需要。人的全面发展需要个人、家庭、学校、社会等多方协同，家庭正是国家发展、民族进步、社会和谐的重要基点。在新的历史起点，探究新时代为何需要家庭体育生活化，家庭体育生活化应具有哪些现实意义，如何强化、转变、普及家庭体育生活化时代理念的相关问题，对家庭体育生活化主动承担新时代我国体育事业发展的历史使命意义重大。

（一）家庭体育生活化的相关概念

家庭体育生活化包含“家庭”和“体育生活化”两个概念，前者界定了后者的范畴，后者为核心。体育源于生活且服务于生活，二者的有机结合构成了体育生活化理论的实践基础。自 1991 年起，我国学者基于多学科视角对体育生活化的概念、内容、结构、条件、环境和影响因素等问题进行分析，普遍肯定了主体、条件和活动形式是体育生活化的主要构成因素和影响因素，认为体育生活化是在社会发展框架中，隶属于现代生活方式系统的一个独立体系，体现了体育融入生活的一种形式，反映了人在生活中形成自发需求和自觉

行为的一种体育价值观念。部分研究落脚点在于“化”，认为体育生活化是一种体育状态在生活中“形成—变化—结果”的动态过程。

家庭属于最基本的社会生活单位，社会体育下的家庭体育具备独特的主体、条件和活动形式，是长期、普遍、直接影响体育生活化状态过程的生活环境。我国对家庭体育的研究始于20世纪80年代，侧重于对家庭体育的概念、现状、发展及影响因素的探索，认为家庭体育是涉及人的生存层次、享受层次和发展层次的休闲和消费生活方式，在家庭环境和条件下的体育生活能培养家庭成员形成积极、主动的体育态度，并付诸实践，进而在学校和社会的体育领域发挥辅助和延伸的作用，具有主体的自觉性和目的性、过程的稳定性和规律性、效应的普及性和延续性等本质特征。

（二）家庭体育生活化理念的时代转变

确定新时代家庭体育生活化的性质或实质，必须在社会领域和体育领域的发展中寻找。在新时代背景下，协调“家庭”“体育”“生活”的互动关系，理念的认识和转变是关键，需要全面审视现实问题和现实需要来探究家庭体育生活化的时代意义。

1. 家庭体育生活化需求的现实维度

基于外在环境，恩格斯曾提出，社会群体的“需要”是一种自然的社会存在，具有生存、享受和发展等不同层次。我国对体育生活化理论的初探正处于从物质需求向精神追求迈进的阶段。当下，人们普遍的精神层次已然达到一定高度，逐渐提出对“物化”生活基点的更高要求，家庭体育生活的形成和变化反映了人们的生活方式和需求在层次上的跃迁和更替。人作为生活的主体具备对生活过程进行选择的权利和能力，但因社会位置的客观因素而形成社会的阶级或阶层，导致人们的生活过程存在目的的一致性和选择的差异性，如获得健康的目的和获得健康的能力。这些社会外环境的推动力影响人们在生活中获得平等的体育份额，但家庭体育生活化本身不存在阶层意识和阶层效益，强调的是一种脱离社会阶层和物质条件的体育态度和体育价值认同，从体育生活化的角度给予各人相对平等的选择和获得健康生活的机会，如通过增加家庭体育活动减轻家庭医疗负担。

随着“健康中国”“体育强国”“体教融合”等政策的提出，体育发展的重心逐渐聚焦于群众和学校体育领域，然而家庭体育作为培养人最早、最多、最直接的体育环境，其开展程度仍处于初级阶段，相关研究也普遍集中于对不健康人群的居家体育康复研究，缺乏对健康人群的居家体育锻炼指导研究，出现家庭体育原生动力不足、家长体育素养发展薄弱、体育陪伴行为缺失等问题。近日，教育部在回应儿童青少年脊柱侧弯的相关提案中提出，体育锻炼是保护儿童青少年脊柱健康的重要手段，需要学校、家庭和儿童青少年共同的努力。加之新冠肺炎疫情暴发初期的生存问题、隔离期的居家锻炼问题、常态化防控期的自主健康问题、“体教融合”文件中提出的“课余体育”问题，需要人对“体育是作为家庭生活、家风建设的一种文化形式”的主观认识，自主、自发地填补个人家庭体育、家庭体育生活的知识储备，形成新时代需要的家庭体育意识、健康意识、风险意识和家庭体育生活化的文化认同。

2. 家庭体育生活化的现实意义

对于个体而言，家庭是学习如何扣好人生第一粒扣子的第一教育环境，学校是将儿童青少年的体育经验体系转化为知识体系或更新已有的知识体系，推动体育意识和认知能力由感性阶段上升到理性阶段的重要环境，进而通过家庭这一平台以教育者的身份将体育新知识输送到家庭生活，实现由学习者向教育者、从继承者向创新者的身份转变，同时家长也实现了角色的多元化发展。家庭体育生活化能推动个体对自身角色多元性的认识，把握不同阶段的角色定位，通过对新时代家庭体育生活化的个人认同、集体认同和社会认同，推动实现全民体育、终身体育，实现个体人格和社会人格的和谐统一。

对家庭而言，家庭关系是社会关系的枢纽，家庭体育生活贯穿人的体育化、体育的生活化、生活的社会化全过程。家庭体育生活化过程中所蕴含的价值认同，能够营造和构建新时代体育发展所需要的家庭氛围。研究表明，家庭体育锻炼行为具有较强的代际互动关系和代际传递效应，在这种教育环境中，个体的存在感、自我意识不会被掩盖，也能强化群体意识的体育氛围，对于强化家庭观念和调节家庭关系，树立适应当下的家庭体育意识、体育观、教育观和健康观，丰富家庭教育的内涵、外延和资源储备以及形成体育生活的家风积淀具有重要意义。

对于国家与社会需要而言，体育生活化的本质贯穿体育和社会发展的全过程，其反映形式和侧重方向在社会变化中不断调整，以满足国家和社会的阶段性需要。时代变化需要传统生活方式、交往方式和社会结构方式的变革与创新，家庭体育生活化作为一个文化承接点，是对家庭体育与家庭生活传统融合方式的批判性继承，并提供一个创新原动力的生产途径，也标志着我国体育与社会的融合和发展进入新的阶段。家庭体育生活化作为体育传播的媒介和途径，通过家庭体育环境的秩序意识和行为规范，能促进人的社会化与现实需要相契合，强化体育在健康中国、体育强国以及突发风险防控等国家政策指导和社会需要中的实用性与适用性。

就“体育”与“生活”的关系而言，随着体育进入科学文明的时代而被赋予更多的人文意义，体育逐渐发展为独立的体系，但科学世界的发展不是使体育脱离生活，使之与生活形成对立状态，而是促使体育具备相对独立的科学价值。体育的生活本质决定了生活化是使体育获得普遍发展、可持续发展的社会动力的内在活力，家庭体育生活化是对传统体育生活方式带有思辨意识的补充和重构，对新时代体育现代化发展，提供了体育回归生活、体育渗透生活、体育协同生活的手段和途径。

（三）家庭体育生活化理念的强化路径

1. 劳筑主体体育生活化意识，拓展家庭体育生活自主能力

对家庭体育生活化这一理性概念的认识、意识和态度，具体反映在思维活动的结果上，家庭体育生活化思想的教化和熏陶正是全面实现新时代体育生活化的重要基点。习近平总书记提到，不论当下的时代和生活的格局如何变化，都要注重家庭、家教、家风的建设。家庭体育生活化思想的教化和熏陶正是全面实现新时代体育生活化的重要基点，通过“家庭”促进人们体育生活化意识、态度和自我效能的内化，并普遍具备主动协调工具化体育和生活化体育关系的意识，可通过“家长培训班”的形式，学习家庭体育的教授方法以及如何以平等的身份参与亲子家庭体育活动，培养孩子主动体育学习和主动行为意识，在新的历史条件下形成相对稳定、方向正确的体育生活化理念，进而提高家庭成员自主获取教育资源的整体能力和信息化水平，自觉投入家庭体育生活的家风、教风和学风建设。

2. 搭建综合多元信息化平台，优化家庭体育资源获取条件

相关单位部门建立协同管理机制，将家庭体育纳入体育规划，完善家庭体育生活服务体系。加强信息储备和软件建设，提供综合多元的信息化平台，创建家庭体育生活教育服务网站，根据家庭模式类型细分为一般家庭和特殊家庭体育生活教育区域，设计体育活动组织与实施、体育健康与营养保健、安全保护与疾病预防、运动处方与医疗体育等家庭教育板块，通过大数据收集信息，提供运动教学、运动场地、运动器材、活动形式等推荐及周边预约服务，完善资源获取条件，提高家庭成员的信息化水平和获取教育资源的自主能力，引导人们将主动意识转化为自我教育的内推力，自觉投入家庭体育生活的家风、教风和学风建设，对于各主体能够充分发挥体育价值的长期性与滞后性，对于家庭和社会等群体能够强化体育生活化的延续性价值。

3. 协同组织体育生活化活动，构建家庭体育协同教育形式

习近平总书记提出，少年儿童要注意加强体育锻炼，家庭、学校、社会都要为少年儿童增强体魄创造条件。少年儿童的成长进程循环于家庭、学校和社会三大教育系统的协调教育通道。家庭体育作为学校体育的补充和延伸，作为学校体育和社会体育联结的枢纽，渗透于各阶层人群，成为新时代体育生活化的中介网络。发挥家庭体育生活化理念在各年龄阶层、教育阶层双向流通的有效性，需要教育体系、教育技术的相互联系与作用，在宣传引导、活动模式和组织形式上推陈出新。媒体宣传引导家庭成员在体育旅游、健身器材、体育培训等方面适当加大家庭体育的合理投资和消费力度。相关部门结合“时事热点”举办体育创新试点，融合新兴运动项目和民族传统体育文化，家校、家社联合组织普适、有序、形式多样化的体育教育活动、体育竞赛活动和体育娱乐活动，形成协同教育，产生协同效应，促使体育空间不再局限、体育

经验得以复制、体育生活化得以普及。这一过程中涉及教育理念、教育平台、教育方法和教育管理等多要素的协同配合，需要制订明确的协同教育计划，确保协同教育主体的平等地位，各类教育技术的协同配合，提高家庭体育生活化理念在各年龄阶层、教育阶层双向流通的有效性。

第三章　现代家庭体育的发展模式

第一节　美国家庭体育模式

一、美国家庭是青少年体育运动参与的基本单位

美国整个社会对于体育运动的重视程度，以及全民健身意识和整体素质，导向和决定了美国家庭对体育运动的态度，如美国社会可以用是否经常运动来作为阶层的划分依据，中产以上的家庭非常重视体育运动，家长本身对体育自带热情等。

（一）美国以家庭为中心的文化和价值观

美国有着以家庭为中心的文化和家庭优先的价值观。美国民调机构皮尤研究中心 2018 年公布的一项“关于生命意义的来源”民调显示，多数美国人称家庭是生命意义所在，认为生活中最大的满足来自他们的家庭，在近 5000 名成年受访的美国人中，近七成把家庭列在首位，比例远超出事业、钱财和信仰等选项。家庭是构成社会最基本的单位和个人成长最适宜的环境，下班后和周末的时间都是属于美国每一个家庭的，所有的节日一家人都会聚在一起。美国中产以上的家庭非常重视孩子的体育运动，美国家长把陪孩子锻炼当成家庭里的头等大事，美国家庭把孩子进入校队作为家庭一件非常荣耀的事，无论是祖父辈、父母亲、兄弟姐妹们都可以一起参与体育、交流感情，祖孙隔代人的学校体育教育的参与体现出现代家庭的时尚与责任，这种家庭文化传统和规矩一直得以传承。

（二）家长培育孩子方式的变化促进青少年体育运动的发展

20 世纪 80 年代以前，美国家长对待孩子的常见做法是“保护童年”。1980 年前后，兴起了“温室保护”，以培养“特别的”孩子，家长的目标是做一个“好父母”，也就是要为孩子安排一些有益活动来填满孩子的时间表，有组织的青少年体育运动成为发泄孩子精力、让家长能够放松又不容易导致孩子受伤的最好选择。家长的普遍做法是将孩子的时间更多安排在竞争性活动上，让他们取得更好的成绩，包括青少年体育运动，这也是参与体育运动人数增加的原因。

（三）美国家长承担组织和领导青少年体育运动

美国多数青少年体育运动是由校外机构提供的，而不是由学校或专业教育家管辖和领导。早在20世纪二三十年代，美国的校外青少年体育运动项目大量出现和发展，体育运动在青少年性格塑造、勇气提升和爱国主义精神培养中的作用被推崇和赞美。由于当时美国的家长在青少年体育运动的发展中提出抗议，因此随着校外青少年体育运动的出现，家长承担起了专业教育家的任务，也就是组织和领导青少年的体育运动，现在这种趋势也一直持续存在。可见，家长是推动美国校外青少年体育运动受欢迎的关键人物，家长承担组织和领导青少年体育运动的职责。

二、美国家长在青少年体育运动中的角色担当

之所以说美国的青少年体育活动以家庭为导向，很大程度上是因为美国家长对体育的热爱和注重、对孩子参加体育运动的重视和支持。他们多数自身具有非常高的体育素养，热心参与孩子的体育活动，和孩子一起成长，扮演着管理者、模范者、志愿者和指导者多重角色，在青少年体育运动中具有积极的正面影响。

（一）管理者

美国家长作为青少年体育运动的管理者，其中一个重要管理任务就是在童年时期为孩子提供各种各样的体育活动，并尝试接触各种体育项目，帮助孩子找到最适合的体育运动。在孩子参加体育运动中，有许多具体需要管理的事务，如提供资金支持、给孩子准备和更新运动装备、安排孩子外出比赛的时间和日程表、牺牲自己的时间陪同孩子训练或观看孩子参加比赛、为孩子所在体育团队活动提供帮助等。特别是有多个子女参加体育运动的家长，一到周末就是各项目的赛季，面临每天接送孩子、陪孩子参加训练和比赛、完成其他任务等严峻的管理任务。如有的父母需要开几个小时的车在早上5点或晚上7点送孩子去训练或比赛，有的孩子参加比赛时需要陪孩子在外面住好几天。大多数家长并不是将孩子送去训练或比赛了事，而是全程陪着孩子训练和比赛。

（二）模范者

美国父母可以说是青少年参加体育运动的榜样，他们重视体育运动的参与，多数自己本身参与体育运动，会保持充分的锻炼时间，还会一丝不苟地为孩子做陪练。在社区里，在学校草坪上，家长与孩子一起全身专业运动装备，陪着跑步、骑车、踢足球、打棒球的场景随处可见，这些为孩子从父母身上学习和与父母一起运动提供了最直接的机会和榜样。有的父母即使自身不擅长孩子所热爱的某项运动，或是没有运动技能，或是没有时间参与体育运动，但他们给予孩子参与运动的感知和积极的引导，不一定成为体育健将，也

不一定要用体育作为升学加分的砝码，热爱体育能带来强壮的体魄、顽强的意志和拼搏的精神，他们把这种精神和信念传递给孩子，成为陪伴孩子一生的财富。如家长中有很多“球妈”，她们按时陪孩子训练，请假去看孩子比赛，在场边给孩子加油，自费自驾送孩子去参加比赛，有时需要开车往返好几个小时，有时还需要在外住宿，家长这种无私的付出、对孩子参加体育运动的无限支持，就是对孩子最好的示范和鼓励。

（三）志愿者

美国父母在校队、俱乐部等体育运动中做志愿者是一种常态。因为多数美国家长认为，如果孩子参与体育运动，父母也要参与其中，他们肯花时间和金钱，通过做运动队或俱乐部的志愿者成为“团队中一员”。每日训练的日常管理、接送服务、食品提供、安全巡视、拍摄宣传甚至募捐等，全靠家长志愿者合力来完成；赛季邀请赛为团队定制队服、组建啦啦队给孩子加油、注册参赛、为孩子们到外地比赛预订酒店客房，连供水订餐、搭台泊车、打扫厕所等，也由家长承担。如在密歇根州 Portage 地区有这样一个 20 多人的足球队，三名教练中一名是外企白领，一名是零售经理，还有一名是二手车中介。他们有的在年轻的时候是运动员，有的在体育方面有一技之长，他们在全职工作之外，利用业余时间取得足球执教证书，担任孩子所在运动队的教练。每年春秋两个赛季期间，无论多忙都永远可以在周二和周四下午放学后，抽出时间进行三个小时的集训，几乎每个周末在本地或赴外地带学生参加一些正式比赛。

（四）指导者

美国父母在青少年体育运动中还扮演着重要的指导者角色，也就是不断给予孩子理解和思考体育运动的指导。美国家长对孩子在活动或比赛中的运动表现，通常都给予积极的鼓励和肯定、给予微笑和加油，他们在赛前孩子紧张焦虑时和孩子谈心，帮助他们了解和接受紧张是身体的一种准备，是比赛的一部分；在孩子比赛中犯了错误看向家长时会避免表示糟糕或愤怒的非言语信号，给予微笑和一些鼓舞的信号；在孩子取得胜利时和孩子一起庆祝，从努力和刻苦训练有助于超常发挥的角度给予表扬；在孩子表现不佳或输掉比赛时找到安抚的办法，让他们接受错误而继续往前；他们与孩子一起在运动场上对各种动作、技战术做研究，与孩子一起对比赛场上的形势做分析；他们在比赛后开车回家的路上与孩子交流总结比赛的问题和经验教训；他们辅助孩子做赛前热身，在孩子锻炼之后提醒和帮助孩子完成拉伸与肌肉放松。这些情感和行动上的有力支持和无限量鼓励，往往给予孩子在参与体育运动动机、自尊和自信等方面重要指导，并帮助他们表现得更好。

三、机构、社会和学校支持家庭融入青少年的体育运动

体育在美国深入人心，因为每个家庭和每个社区、每所学校和每个孩子，都把体育当

成重要活动，亲身参与，让运动成为生活中重要的一部分。特别是各类机构、社区和学校，为青少年体育构建了家庭、学校、社区一体化的路径，为家庭提供一切陪孩子锻炼的机会和平台，让家庭充分融入孩子的体育运动。

（一）机构给家庭提出支持性建议

美国青少年的体育运动不是由政府来组织或协调的，主要是由各类机构组织青少年的体育运动，包括国家服务机构、企业和中心等。如 2008 年由美国运动与体育教育协会（NASPE）倡导成立的“综合性学校体育计划”（CSPAP），关注青少年体质健康，整合学校、社区体育和家庭资源，将学校体育运动延伸到上学前和放学后；“国家体育活动计划”（NPAP）提出了一系列为改进青少年健康的国家倡议，包括家庭和社区参与学校体育相关的活动；美国运动与体育教育协会（NASPE）和美国心脏协会（AHA）提出家长要监督并支持孩子上体育课，并鼓励孩子持续参加体育锻炼活动；美国正面教学联盟（PCA）为家长提供丰富的教育材料；美国青少年运动联盟（NAYS）为家长提供教育认证项目。这些多样化的青少年体育运动组织机构，提供了美国青少年体育运动的多样化，实行了鼓励家庭参与孩子体育运动的政策，促进了家长对学校体育教育的认知和参与，让家长作为成员之一直接参与和融入促进青少年体育运动中。

（二）社会非营利性机构为家庭提供家庭会员服务

非营利性社会组织为主体、政府部门为枢纽、其他社会组织机构为补充是美国体育素养战略实施的组织机构联动体系特点，也就是不以营利为目的，对社会提供福利服务，尤其是面向困难的低收入人群服务。YMCA 作为美国最大的课外活动组织之一，作为非营利性社会组织，为青少年提供课外体育培训班、体育夏令营、体育赛事组织等活动。YMCA 采取会员制，分为青少年、成人和家庭会员，特别是家庭会员卡，价格非常优惠，除了 120 美元的一次性加入费后，每个月只需 59 美元，全家人都可以随时参加游泳、跑步、球类、健身器械类、瑜伽等运动或课程，还能免费帮忙照顾孩子每天不少于 3 小时，比健身俱乐部的会员费合算很多。对困难的低收入家庭来说，如社区中心的游泳课，父母可以为孩子申请 75% 的学费减免，这样每个孩子上游泳课一学期下来只需 26 美元。还有一些诸如网球、高尔夫等课程，则都有适合家庭参与的优惠套餐。在多数健身俱乐部或社区健身中心也都设有家庭洗手间、家庭洗浴房等设施，为一家人健身运动提供服务。

（三）学区和学校为家庭提供家庭健身锻炼课程

美国中小学校和学区，除了定期向家长开设“体育教学汇报课”，让家长直接了解孩子在学校体育中的学习、活动情况和教育形式外，还给家长提供了解的平台和直接参与的健身锻炼课程。以密歇根州 Portage 学区和学校来说，都有专门指向家庭服务的网站和服务，在每个学区、每个学校网站都设有“父母专栏”，专栏中除了提供校历、网上支付、电子邮件注册、餐饮服务、Skyward 空中访问、申请付费课外活动、学生意外伤害自愿保险等服务外，学区专门设有父母健身课程，如父母瑜伽、游泳、摔跤、网球、足球等，分别由能承担课程的学校负责，也就是父母在陪送孩子锻炼的同时，自己也能选择喜欢的健身课程进行锻炼。同时，多数高校的体育馆、游泳池等健身场馆，在每周五下午和周末时间，都允许学校的教职工或是校友带着子女进入进行锻炼，且都免费。

（四）赛事组织为家庭提供赠送、优惠和服务套票

在观看美国棒球、橄榄球、冰球、网球、篮球等赛事时，发现比赛现场一半以上的观众都由家庭组成，都由父母带着 2～4 个大大小小的孩子一起观看比赛。如 2018 年美国辛辛那提网球大师赛的前几日，约有 80% 的观众都由家庭组成，后了解到赛事组办方给当地各类别网球俱乐部或参加各级别青少年比赛的孩子及家长提供 1 张免费的门票，全家在开赛前一日参加了一个辛辛那提地区的青少年网球比赛，在报名的时候赛事组委会就告知有门票赠送。大师赛第 3 日即使是工作日时间，很多父母也提前安排出时间陪孩子观看比赛，有的家庭因为孩子喜欢，甚至连续看上多日。也许这就是这些高端赛事，主体观众都是由父母带着孩子的家庭组成的原因之一。当然在美国，父母带着孩子看比赛特别是到自己曾经就读的大学和一直关注的大学看比赛，是一种家庭文化和传承。还有很多赛事的门票，如密歇根大学的橄榄球体育场，各个大学举办的棒球赛、冰球赛等，一般都提供家庭套票，以家庭为单位购买的套票往往有多种优惠举措，特别是价格有不少优惠，还提供家庭套票的场边座位、家庭包厢和餐饮服务等。

新时代，新的发展阶段，国家对体育的重视达到前所未有的程度，学校体育作为教育的基石，也摆在了教育更加突出的位置，各个家庭和家长也逐渐关注家庭体育活动对孩子成长的重要性。在美国以家庭为导向的青少年体育活动管窥下，期待探索出符合中国国情的家庭体育，期待整个社会和家庭重视并践行体育运动，让体育成为我们家庭的一种生活方式。

第二节　德国家庭体育模式

德国是一个传统的竞技体育强国，同时也是一个全民参与体育的大国。德国体育与中国体育有着千丝万缕的联系，历史上曾有着相似的竞技体制与机制。德国在 1959 年施行了《黄金计划》、中国在 1995 年施行了《全民健身计划纲要》后，全民健身事业都取得了很大的成就。德国《黄金计划》的目标是广泛动员各个家庭参加多种形式体育活动，其措施是国家颁布家庭体育奖章，最终让家庭体育成为全民健身运动中的突破口。家庭体育的开展不仅有利于全民健身的发展，对竞技体育后备人才的培养、家庭关系与个人品格的

塑造都有着不可忽视的作用。而现在我国体育发展进入一个关键时期，随着《全民健身实施计划（2016—2020 年）》的逐步完成，2019 年国务院办公厅印发《体育强国建设纲要》的通知中，对我国体育社会化改革与全民健身发展提出了更高要求，其中指出“充分发挥举国体制与市场机制相结合的重要作用，落实全民健身国家战略，助力健康中国建设，让全民健身更亲民、更便利、更普及”；并深化体育领域“放管服”，稳步推进各级运动项目协会与行政机关脱钩等改革。因此，在我国体育社会化改革与全民健身飞速发展的进程中，对德国家庭体育的缘起以及管理、运行、保障、促进机制进行研究，同时根据我国国情与社会发展探寻其可借鉴的经验，为我国家庭体育开展、全民健身发展以及体育强国建设提供参考。

一、德国家庭体育的缘起

德国的家庭体育缘起于德国《黄金计划》的实施。而德国《黄金计划》的发展经历了从提出到夭折再到重启的一个曲折历程。德国是一个传统的体育强国，无论是夏季奥运会、冬季奥运会，还是在足球世界杯等世界性大赛中都拥有非常强大的竞技实力，德国也是世界上大众体育活动开展得最好的国家之一。在近 200 年的时间里，德国经历了建立德意志帝国、纳粹统治、冷战时期和两德统一等过程。德国《黄金计划》雏形形成于 1920 年德国教育学的改革时期，对德国体育场地面积、场地要求与场地规格提出了明确要求，以此来促进全民健康和体育锻炼。此计划由于第二次世界大战的爆发被迫终止，但它仍然是一个美好的构想，为后来联邦德国重新实施《黄金计划》打下了基础。

1945 年，第二次世界大战结束，德国战败，国家一分为二。德国体育也随着国家的分裂而采取了不同的发展战略，其中德意志民主共和国（以下简称东德）实行举国体制，以竞技体育的优先发展战略为原则；而德意志联邦共和国（以下简称西德）强调竞技体育的自由发展，大力开展以休闲娱乐为主体的大众体育，并在 1959 年重新提出真正意义上的《黄金计划》。1985 年，原联邦德国体育联合会在全国推广家庭体育奖章制，广泛动员各个家庭参加多种形式的体育活动（由体育俱乐部或单项协会所组织的集体活动），而不考虑其运动水平如何。因此，家庭体育在这一时期成为德国大众体育发展的主要方向及发展重点，同时也成为其全民健身新的突破。《黄金计划》的指导思想是确定体育设施建设准则和投资标准，以广泛动员各个家庭参加多种形式体育活动为其目标，以国家通过家庭体育奖章奖励来推动为其措施。而“家庭体育奖章”制度（动员全家参加体育活动来荣获体育奖章）是推动德国全民健身的有效手段，使家庭体育成为全民健身运动中的突破口。

1990 年，随着冷战的结束，德国得以统一。统一后西德的经济明显比东德强，而东德以竞技体育为中心的发展战略伴随着苏联的解体而被淘汰，西德以大众体育为核心，强调体育事业协调发展的体育战略得以延续，《黄金计划》也得以一直延续至今。在政策推动的背景下，德国的家庭体育也逐渐开始萌芽发展，直到今天，德国家庭体育仍然是其全民

健身的一个不可或缺的重要组成部分。

二、德国家庭体育开展的基本特征

（一）管理机制：以国家体育的最高管理机构为纽带，注重家庭与俱乐部的协同管理

德国没有专门的政府体育主管部门，为典型的“俱乐部体制”。目前德国体育的最高管理机构为德国奥林匹克体育联合会（DOSB），所有体育俱乐部都通过不同层面（州、地区和城市）的专业协会和体育联合会直接或间接接受德国奥林匹克体育联合会的管理。德国奥林匹克体育联合会是德国体育非政府组织，由德国体育联合会和德国国家奥林匹克委员会于 2006 年 5 月 20 日成立。其在国家层面拥有 66 个专项体育协会、18 个特殊体育协会，在联邦州层面拥有 16 个联邦州体育联合会与各联邦州专项体育协会，总共包括 100 个成员组织，近 9 万个体育俱乐部和 2700 多万个成员，是德国最大的管理和促进体育发展的组织机构。且在 2010 年，德国体育俱乐部会员就已经占德国总人口的 33. 78%。

在德国家庭体育的开展中，主要有两种开展模式。第一，由家庭成员自主开展的家庭体育活动；第二，家庭成员参与体育俱乐部或体育协会开展的相关家庭体育活动。前者的管理实施与受益主体均是家庭，而后者由家庭和俱乐部共同形成统一的管理实施与受益主体。在第一种自主家庭体育活动开展中，父母的体育锻炼意识是家庭体育开展的重要保证。德国《AOK2018 家庭研究》表明，“与家人在一起的时间对儿童的健康极为重要，与家人一起开展体育活动将提高儿童的幸福感、满意度和家庭之间的沟通，而懒惰的父母不是孩子的好榜样”。因此，家庭的自治显得尤为重要。在第二种家庭体育开展中，如何连接家庭与体育俱乐部之间的关系成为家庭体育开展的重要因素。体育俱乐部和家庭长期以来一直是理想的伙伴关系，俱乐部为家庭提供了一个锻炼的框架和共同的乐趣，让家庭成员参与体育俱乐部中开展的家庭体育活动，实现身体健康与心理健康；家庭以会员身份丰富体育俱乐部，为俱乐部带来收益，并在许多方面自愿参与俱乐部相关活动与志愿服务。俱乐部负责对家庭体育活动的统一管理，而各个家庭不仅需要对家庭成员的管理，各个家庭成员也能自愿地加入俱乐部的管理机构，所以在俱乐部开展的家庭体育活动中强调俱乐部与家庭的协同管理，而德国奥林匹克体育联合会在这个过程中主要发挥协调和沟通的功能。例如，它在大型项目活动中发挥协调作用，协调个人与家庭、家庭与俱乐部之间的关系，并作为沟通者对会员组织和俱乐部提供咨询意见。

因此，在德国家庭体育的开展中，以国家体育的最高管理机构——德国奥林匹克体育联合会为纽带，保证沟通与协调效率，加强家庭与俱乐部的相互联系，注重家庭与俱乐部的协同管理，从而有利于家庭体育的实施与持续发展。

（二）运行机制：注重多部门与机构的协调合作，整合社会资源

运行机制是引导和制约决策并与人、财、物相关的各项活动的基本准则及相应制度，是决定行为的内外因素及相互关系的总称。体育活动的举办离不开多部门与机构的协调合作，更离不开社会资源的支持。在德国家庭体育的开展中，奥林匹克体育联合会在这个过程中主要发挥协调和沟通的纽带功能，联邦政府、协会、俱乐部、学校、托儿所、场馆管理以及志愿人员等都是保障家庭体育活动有序开展运行的重要因素。

活动的开展是运行的主要环节。“行动中的家庭”是由德国国家体育协会、国家各专业协会以及赞助伙伴 AOK（德国保险公司）在联邦资助的“家庭团聚”项目下开展的家庭体育活动，是德国家庭体育活动开展的典型例子之一。其目的是使家庭能够合理利用彼此的休闲时间；其方式是协会与俱乐部对家庭提供更多的帮助，并使它们的提议更有利于家庭；最终采取为家庭提供共同运动、共同度过积极的休闲时光并加强家庭关系而开展的家庭体育活动。家庭个体有机会和家庭其他成员共同参与协会与俱乐部组织的相关活动，各俱乐部的教练员与训练主任皆是通过国家各专业体育协会选拔；俱乐部的报价以 10 节课程为单位，每个课程时间不少于 60 分钟进行定价；课程开展时间可由俱乐部或协会自行商议；课程参与者可以是父母与子女参与、代际参与或集体参与，由俱乐部自行决定。因此，在家庭体育活动的开展中，体育俱乐部占主导地位，享有更多的自治权，而国家体育协会与国家各专业协会提供物质支持以及课程建议支持。

家庭体育的运行离不开相关人力、财力、物力的支持。德国的体育场馆中大部分都属于大众体育俱乐部或学校，俱乐部可以免费使用这些场馆，联邦政府以及各州和地方等政府机构在相关政策的制定、实施以及体育场馆资源的配置上始终发挥主导作用，在投入上以公共需求的运动场馆、设施建设为主，如社区体育场馆设施、学校运动设施等，并对社区体育俱乐部场馆、学校场馆等特定地区的场馆设施的使用与维护提供一定的资助，学校与俱乐部在场馆开放和管理中的合作使学生和家庭得到了更多的锻炼时间和空间。在场馆利用方面，通过实地调查，各场馆有着十分严格的场馆使用时间表，以此来保证每个活动项目的顺利开展。托儿所机构与学校和俱乐部合作，直接把孩子从学校带到俱乐部场馆，家长在体育馆与孩子会合，共同参与俱乐部组织的家庭体育活动，解决了家长因为时间而错过参与家庭体育的问题。在志愿服务方面，德国体育俱乐部有强大、专业、稳定的志愿者团队，是德国大众体育稳定、可持续发展的重要原因之一。在德国近 9 万个体育俱乐部中，有超过 800 万自愿提供相关服务的工作人员，其中包括 7.5 万名董事会官员（如主席），95 万名活动执行人员，630 万名在协会相关活动上提供志愿服务的义工。同时，老年人和家庭志愿者也是体育俱乐部的重要组成部分。在家庭体育活动的开展中，当自己的子孙在参与俱乐部家庭体育时，老人往往很乐意为他们提供服务，并参与俱乐部的志愿服务。庞大的志愿服务体系为德国体育活动的开展带来便利，志愿人员的参与保障了德国体

育俱乐部和体育活动能以较低的收费运行，大众参与俱乐部活动没有任何经济负担，提高了大众的参与热情。

（三）保障机制：注重体育俱乐部的责任体现，创编家庭体育指南

德国体育的显著特点表现在重视体育社会功能的发挥与强调全民共同参与上。2011 年 4 月，德国立法规定，政府积极资助贫困家庭儿童、残障儿童加入体育俱乐部，让他们有机会参与俱乐部活动，享受教育。德国体育俱乐部的发展宗旨包括传递公平竞赛和宽容的精神，为民众提供低成本参与体育锻炼的机会，提供高质量的友谊和社交方式，为有移民背景的人提供体育锻炼的机会，为更多的人提供平等参与体育锻炼的机会。因此，体育俱乐部作为德国家庭体育活动开展的重要部分，不仅是组织开展活动，还需利用自己的平台与社会角色承担更多的社会责任，更好地服务家庭、服务社会。俱乐部与其他组织机构，包括社会福利机构、劳工机构、就业机构等合作，接触有移民背景或处于困难状况的家庭，包括让移民家庭更好地融入社会，帮助单亲家庭的孩子，帮助残疾人家庭等。因此，俱乐部在开展家庭体育活动时往往需要集思广益，做大量的调研与沟通，争取让参与的每个人都能感受到平等的待遇，享受家庭体育带来的乐趣。

在酷爱体育活动的德国，家长为了让孩子校外生活更充实，经常带孩子参加各类体育活动比赛，假期和周末全家到运动场进行体育活动的场景比比皆是。而在由家庭自主开展的家庭体育活动中，选择合适的家庭体育项目，是保障家庭体育顺利开展的重要因素之一。因此，德国奥林匹克体育联合会制定了《家庭体育指南》，家庭能在 DOSB 的官网上针对不同的参与情境选择适合家庭开展的家庭体育活动。

（四）促进机制：注重以家庭友好为中心的发展模式是推动家庭体育发展的机制动力

对体育俱乐部来说，家庭体育的开展是一个非常重要的利益问题，因为家庭是体育俱乐部的重要支柱。对家庭来说，有机会全家共同参与活动，能为家庭成员提供良好的体育活动环境。由于德国社会的发展，个人压力与工作时间的增加，导致孩子和父母能共同参与活动的闲暇时间减少。与此同时，个人体育健身意识的增强，导致对社会休闲的供应需求大幅增长。在这样的背景下，体育俱乐部想要更好地维持其成员体系，必须提供具体的、有针对性的服务和报价。俱乐部必须帮助家庭成员个人的发展并向其家庭提供服务，特别是考虑到不同人口结构的家庭。体育俱乐部要持续发展必须关心并保持会员与志愿人员的权利与地位。因此，俱乐部让会员直接参与俱乐部的管理与发展建议，德国体育俱乐部的最高权力机构是会员代表大会，体育俱乐部的重大事件由全体会员民主决策，这也是德国以“俱乐部体制”为基础的社会主导型体育体制最主要的体现之一。

家庭体育的持续发展离不开社会、体育俱乐部与家庭的共同努力，而体育俱乐部的发

展导向决定了家庭体育的开展环境，因此，俱乐部怎样定位成为家庭体育可持续发展的重要环节。家庭友好型体育俱乐部：家庭友好型是俱乐部为家庭提供服务的众多方式之一，家庭认为什么对家庭有益，很大程度上取决于家庭自己的看法，没有固定的指标或评价体系；从家庭的角度看，俱乐部提供面向不同结构家庭的服务，支持和鼓励儿童与老人参与、组织有针对性的活动或降低参与费用，帮助困难家庭加入体育俱乐部等都是对家庭有益的方面。以家庭为中心的体育俱乐部：俱乐部通过观察参与者特质并定期询问家庭体育参与者需要什么优惠和措施，以及如何实施对家庭友好的措施。家庭政策环境中的体育俱乐部：俱乐部往往需要追求一些对家庭友好的利益，比如政策帮助，但可能凭借自己的力量无法实施，就需要通过体育俱乐部相关人员的职位或媒体机构在外部社会中代表这些家庭的利益，并确保家庭和家庭友好问题不断列入俱乐部的议程和市政政治议程。保持家庭体育持续稳定开展，体育俱乐部通常有以下几个方面的措施：①达到“家庭友好”后逐步细化到以“家庭为中心”再到“家庭政策环境”；②俱乐部有明确的导向定位，通过审视俱乐部现有的发展环境，选择更有益于家庭发展的开展方式；③制定家庭友好的相关政策时，必须明确家庭是一个统一的整体，争取家庭利益的最大化；④为了建设有利于家庭体育的服务，必须创造人力和物力条件，俱乐部需要审查谁最有资格完成任务，并相应地下放权力，而志愿服务是可以加强人力资源的一个战略；⑤集思广益，俱乐部拥有相对自由的管理结构与框架，家庭能根据自己的参与情况提出相关建议，俱乐部做出相应调整与改善，做到真正考虑家庭的利益与需要。

三、德国家庭体育的发展对我国的启示

由于中、德两国在体育体制上的差异，如何把德国的家庭体育模式有效落实到我国现有体制上是学习与借鉴德国家庭体育的关键因素之一。竞技体育与群众体育协调发展是各国体育发展的重要方向。德国在 1990 年统一以后，沿用了原联邦德国的以“俱乐部体制”为基础的社会主导型体育体制，导致竞技体育成绩下降，但群众体育的发展仍一直处于领先地位，因此德国奥林匹克体育联盟对德国竞技体育进行了改革。而我国作为一个竞技体育大国，存在着群众体育发展滞后、国民体质健康水平不高等问题。2014 年 10 月，国务院颁布实施《关于加快发展体育产业促进体育消费的若干意见》，破除体育体制和机制障碍，为深化体育社会化改革创造了条件。2019 年，国务院办公厅颁布的《体育强国建设纲要》指出要深化体育领域“放管服”，稳步推进各级运动项目协会与行政机关脱钩等改革。随着我国相关政策的发布，我国体育社会化发展有了根本性的进步，为学习德国家庭体育创造了条件。因此，在这一时期更需审视现阶段的发展环境并结合德国的先进经验进行家庭体育的开展。

（一）充分发挥政策的引导作用，培育各类推动家庭体育发展的社会组织

家庭体育的发展需要政府的投入与扶持并完善相关优惠政策。虽然德国体育为社会主

导型体育体制，强调俱乐部和协会的自治，但联邦政府和行政机构也给予帮助与支持，奥林匹克体育联合会也直接或间接对俱乐部和协会进行管理。在场地帮助中，可以学习德国联邦政府以及各州和地方等层次的政府机构的帮扶策略，在相关政策的制定、实施以及体育场馆资源的配置上始终发挥主导作用，在投入上以大众所需的运动场馆为主，并对社区体育俱乐部场馆、学校场馆等特定地区的场馆设施的使用与维护提供一定的帮助，鼓励各场馆对社会特别是家庭体育的开放。在家庭体育活动举办中，鼓励各社会组织开展家庭活动，简化申办程序，给予税收、贷款、利率等方面的经济优惠。在市场推广中，引导市场组织和社会组织开展以家庭为单位的比赛或培训活动等，加大家庭体育的推广与普及，鼓励市场组织研发适合家庭体育开展的健身器材或应用程序等。

国家干预是家庭体育开展的重要保障，但家庭体育从自由主义走向合作主义是自治的必然。创造有活力、有市场、有交流的家庭体育自治空间，构建合作式的家庭体育权利保障机制，是家庭体育权利自治的应然表现。家庭体育在开展中还需要社会各团体组织的共同努力，家庭是社会生活的基本单位，家庭的发展状况及其发展趋势不仅涉及个人的成长和发展，而且关系到社会的发展、民族的兴旺和国家的富强。因此，家庭体育的发展不仅是政府与家庭的责任，更需要各社会组织的积极参与，如志愿者协会提供志愿支持、各项目协会依托自身的优势开展“家庭活动日”“趣味家庭比赛”等相关家庭体育比赛活动；还需要托儿所机构、福利中心、红十字会等多机构帮助残疾人家庭、单亲家庭、留守儿童家庭、空巢家庭等困难家庭共同参与家庭体育活动。从社会资源入手，动员更多的具有专业知识、专业技能和专业管理能力的社会组织和个人参与家庭体育活动。

（二）基于学校、家庭、社区的一体化模型，创建良好的家庭体育开展环境

良好的体育环境是保证体育锻炼、培养终身体育意识和行为的基本条件，而在家庭体育的开展中离不开学校、家庭与社区的支持。近年来，我国政府在相关政策中多次提及整合学校、社区、家庭资源以提高青少年健康水平。但是，学校、家庭和社区一体化模型在我国的实施过程中还存在执行不足、合力不够、发展失衡等问题。德国家庭体育中学校、家庭与俱乐部的发展模式已经取得了巨大成功，值得我国借鉴，但由于我国与德国体育体制的差异，相关俱乐部的发展并不成熟，因此，现阶段还不能构建学校、家庭与俱乐部一体化的家庭体育发展模式。而社区作为社会最基本的元单位，在社会现代化建设中发挥着重要作用，近几年来，国家也密集出台政策大力推进智慧社区建设。所以，可以结合现有的资源，基于学校、家庭、社区的一体化模型，创建适合我国家庭体育开展的方式。

（1）在学校方面，重视学校体育与家庭体育的融合发展。①规范法律法规，提高学校体育场地使用率和对外开放率；②依托学校体育资源，特别是体育教师、学生、场地、器材等资源，建立学校体育俱乐部，鼓励体育教师在课外组织面向学生家庭的家庭体育活动；③健全引导与奖励机制，家庭体育作为学校体育的补充，不仅要布置家庭“体育作

业”，更要布置“家庭体育作业”，鼓励学生与家长共同参与家庭体育活动。

（2）在家庭方面，家庭作为家庭体育开展的核心部分，家长有意识地陪同孩子一起参加体育锻炼和活动，有助于激发孩子参与的积极性，从而引导孩子主动参与，培养孩子的锻炼习惯。家庭体育的开展有助于强化家庭的稳定性，包括代际内稳定性（主要指夫妻关系）与代际间稳定性（主要指亲子关系）。所以，家庭应该营造良好的家庭体育氛围，转变观念，有意识地培养家庭成员体育锻炼的习惯，为孩子树立榜样，真正创建全家参与的家庭体育环境。

（3）在社区方面，营造良好的体育锻炼氛围，特别是家庭体育活动氛围。我国长期忽略社区体育在家庭体育中的重要作用。社区作为家庭居住与交流的重要场所，对于家庭社交能力的培养与家庭稳定性的构造具有重要作用。因此，社区可以学习德国体育俱乐部的发展模式，创建社区体育俱乐部，开展家庭体育活动，组织社区的“家庭体育日”活动，鼓励社区的各家庭成员积极参与。

（三）完善《家庭体育指南》，引导我国家庭体育的开展

指南是指为人们提供指导性的资料或文本。1992 年，孙长根创编了《家庭体育指南》一书，用于指导家庭体育的开展，但在近 20 年的发展中却没有相关书籍或指南在国家层面根据我国社会发展现状进行相关的完善，这不利于我国家庭体育的发展。我国于 2017 年发布《全民健身指南》，这部由 10 名世界冠军参与视频录制、凝聚近百万国人健身实测数据的全民健身指南，成为服务全民科学健身、提高国民健康水平的标杆性指导读物，其中也并未对我国家庭体育的开展提供明确的指导。而《“健康中国 2030”规划纲要》提出，推进全民健康生活方式行动，要强化家庭和高危个体健康生活方式指导及干预。并且我国家庭体育是群众体育的基础，是竞技体育人才培养的新途径，是学校体育的延展，是社区体育的重要组成部分，是个体接受体育教育与体育习惯养成的主阵地。因此，我国现在急需一套从国家层面指导家庭体育开展的指导性资料。

在《家庭体育指南》的完善与编辑上，可以学习 *Guide to Family Sports* 与我国《全民健身指南》的编制经验。在类型上可以采用针对有小孩家庭的以竞技运动项目为主和全家一起参与的以运动游戏为主的两种类型；在内容上需要集思广益，通过实地调研后广泛征求意见，学习 *Guide to Family Sports* 内容设置，增设适合我国社会开展的体育项目或运动游戏；在情境选择上，不仅提供场地（室内或室外）与季节选择，还需考虑我国南、北方环境与气候差异，农村与城市、山地与平原等开展环境；在推广使用上，制作指南手册，并利用互联网平台，供家庭随时随地搜索与查阅。

（四）坚持“以家庭为中心”的家庭体育发展模式

现阶段我国家庭体育的发展面临的主要问题有家庭成员体育活动的思想意识水平不

高、家庭经济收入不高、家庭结构不合理、家庭居室环境不适宜、余暇时间较少、空巢家庭以及新兴家庭的兴起等。不难看出，阻碍我国家庭体育发展的大部分问题都产生于家庭自身，而这些问题并不是不可解决的，也不会一直存留。试想任何国家、任何社会的发展都将面对诸如此类的家庭问题，但如何运用国家力量、社会力量将这些问题进行消减成为我国家庭体育发展的最重要环节。因此，我国可以先借鉴德国家庭体育中服务家庭的发展方式，建立一套适合我国的“以家庭为中心”的家庭体育发展模式。

提高家庭成员的体育活动思想意识水平，国家、社会、学校、社区多进行体育活动的推广与宣传，让每个人都能养成参与体育的习惯与意识；让家庭能参与得起家庭体育活动，加强政策扶持、市场化投入以及志愿人员的参与，降低家庭体育的参与费用，从而减轻家庭的经济压力；保证每个家庭都有参与家庭体育的机会，社会公益组织、社会福利机构、社区组织等给予单亲家庭、留守儿童家庭、残疾人家庭、空巢家庭等困难家庭更多的关心与关怀，鼓励并帮助他们参与家庭体育活动，从而更好地融入社会；为了让家庭体育更好地可持续发展，各部门需定期总结，通过观察参与者特质并询问家庭体育参与者需要什么优惠和措施，以及如何实施等。家庭是一个统一的整体，任何时候都需要保证家庭整体利益的最大化。家庭是家庭体育开展的核心部分，只有每个环节真真切切为家庭服务，家庭体育的发展才能越来越好。

“他山之石，可以攻玉。”纵观德国家庭体育的发展历程与开展机制，给予我们最大的启示是：政策制定是保障，而体育导向才是关键，如何让家庭体育在我国社会中得到重视，才是我国家庭体育可持续发展的主要因素。在建设体育强国的关键时期，国家是否可以考虑将家庭体育作为全民健身的突破口？社会是否能“以家庭为中心”为全民参与提供便利？家庭是否能明晰家庭体育对个人以及家庭整体带来的益处？这些都值得我们深思。

第三节　我国家庭体育模式

家庭体育是社会经济文化和体育发展到一定阶段的必然产物，是现代家庭生活的重要组成部分。以家庭为单位开展体育活动，实现体育常态化，是一项新创举，是实施《全民健身计划纲要》及实施“阳光体育工程”新思路的新方案。在现行的全民健身服务系统中会产生新的效应，并推动全民健身深入开展。然而，把家庭体育作为完整概念，把家庭体育在群体体育建构网络中的地位、功能和特点作为一个独立体系来认识、研究和开展工作，目前则未见有报道。认识和倡导家庭体育对实施《全民健身计划纲要》有着重大意义，特别对做到“家喻户晓，人人参与”，落实全民健身效益有应用价值。

一、家庭体育服务需求与供给基本形态

需求与供给是一对矛盾的统一体，探究需求与供给的基本形态是评判全民健身服务体系发展状态的关键。目前，家庭成员的经济收入成倍增加（家庭体育的投资额）、余暇时间不断延长、营养水平日益提高、居民文化程度逐步提升、人口年龄结构发生变化、追求和谐活跃家庭气氛的人越来越多，我国家庭体育服务需求趋势主要由防病治病型向健康长寿型发展、由封闭型心态向开放型心态发展、由身体健康向心理健康发展、由单一兴趣爱好向多元兴趣爱好发展、由独立型向联合型发展，体育器材由单一化向多样化发展。

家庭体育服务的供给是一定时期内体育健身服务的提供主体在各种价格条件下愿意且有能力提供的某种体育健身服务的数量。公共部门供给是目前我国家庭体育服务的主要供给形式，具有层次性供给特点。对于任何提供家庭体育健身服务的企业而言，服务都是在一道道程序中所采用的行动，包括经营系统、营销系统、人力资源系统、健身服务项目和传递系统设计、服务传递系统五个核心部分。例如，河南卫视体育娱乐节目“智勇大冲关”的设计，就很好地迎合了家庭体育情感的需求，吸引了很多家庭成员协同参加。

二、家庭体育服务体系的构建

家庭体育服务体系是全民健身服务体系的一部分。随着我国经济的飞速发展，现代人追求健康的主流趋向已经形成，健康的身心是人们期盼和理想中的重要目标。努力实现体育与国民经济与和谐社会的协调发展，全面提高国民的体质与健康水平，努力构建集多样化、丰富化，民族性、地方性、大众性等于一体的体育服务体系。

1995 年，国务院颁发的《全民健身计划纲要》中指出，“努力实现体育与国民经济和社会事业的协调发展，全面提高中华民族的体质与健康水平，基本建成具有中国特色的全民健身体系”。党的十六大明确把构建“全民健身体系”纳入全面建设小康社会的目标，提出到 2020 年形成多元化全民健身服务体系。随后中共中央（中发〔2002〕8 号）提出了“把中国特色全民健身体系建设成为一个面向全体国民、重点突出、能够适应不同区域、不同人群的不同需求的多元化的体育服务体系”。“家庭体育”和“家庭体育服务”随之进入了学术研究的视野。

2016 年 10 月 25 日，中共中央、国务院印发并实施《“健康中国 2030”规划纲要》。旨在推进健康中国建设，提高人民健康水平，对全面建设社会主义现代化国家具有重大意义。

家庭体育服务体系的构建思路与方式。家庭体育服务体系的构建思路，主要是从服务的功能角度出发，突出“服务”的含义，即家庭体育最终要落在“服务”上。“家庭体育服务体系”的基本功能应该是不断满足社会群体各单元体育健身的基本需求，在体育服务

方面实现“惠及十几亿人口”；基本任务就是不断为全体国民提供体育健身的基本环境和条件，在体育生活方面实现“人民生活更加殷实，家庭生活更加美满”。其基本特征是它的全面性、系统化、多元化、服务性、保障性和平民化，而服务性和保障性则应该是其核心。同时，家庭体育服务体系应该具有运作主体的多样化、运作方式的自觉性、运作手段的多元化、服务对象的广泛性等基本特征，并能从动态方面规范服务提供主体的管理行为。

政府主导，社会广泛参与是构建家庭体育服务体系的基础；引入市场机制是构建家庭体育服务体系的关键；体育文化资源的开发利用是构建家庭体育服务体系的保证。构建家庭体育服务体系的基本框架，如组织系统化、筹资多元化、形式多样化、人员专门化、参与普遍化、资源利用合理化。实现社区体育服务与家庭体育服务相结合、社区体育经营性与服务性相结合；社区体育专业队伍与家庭相互服务相结合，提高家庭体育锻炼的科学化水平。同时，建立政府与企业的不同关系模式，根据经济与文化的关系，选择构建家庭体育服务体系的路径。

家庭体育作为社会体育的基本形式，是学校体育的基础，是终身体育的起点，是竞技体育人才的发祥地，是实现我国学校体育、社会体育和竞技体育可持续性发展的落脚点。不仅可以提高家庭和个人健身锻炼的科学化程度，促进文明、科学、健康生活方式的普及，同时还能够提高老年人的身心健康水平，减少人口老龄化的负面影响。

第四章　现代家庭体育与学校体育、社会体育的融合

第一节　体育教育中家庭与学校角色定位

《体育强国建设纲要》(国办发〔2019〕40号)中明确、直观地体现出青少年体育是体育强国的根基。学校体育承担青少年体育教育的全部，既不现实，也不合理，反而会让学校体育教育不堪重负而迟滞发展。国家层面的多项文件中不断提出家校体育融合，促进青少年体质健康发展。我国关注并研究家校体育融合已近20年，然而在实践中为何出现家长成为学校体育的指责者和批评者？为何一直似乎沉迷于家校合作的“热闹”中？鉴于此，在新时代背景下，从角色理论的视角审视和反思定位学校体育和家庭体育角色及融合中角色定位出现的偏颇，对厘清边界、分清责任和各主体角色定位具有重要的理论意义和实践价值。

一、明确角色定位是体育教育促进的必然要求

党的十八届三中全会做出了强化体育课和课外锻炼的重要部署，充分折射出体育教育已然成为新形势下深化教育领域综合改革发展中的攻坚问题。学校体育的新理念在过去的10多年里层出不穷，学校教学下大力气改进教学方法以增强学生体质，然而这一实践的成效却不尽如人意，期望值和测试值常常是成反比例关系而存在。追溯其深层原因，笔者认为是我国青少年仍处在学校和家长对孩子教育权利的“隐形争夺”中，导致主体责任不能落实到位，长期存在着缺位、错位、越位等问题，在对青少年的体育教育中出现不必要的内耗。戴维·波普诺、费孝通都认为角色是一套权利义务和行为规范体系。扮演的不同角色，就应该享有相应的权利和承担相应的义务，履行相应的职能，遵守相应行为规范。因此，在青少年“体质健康危机”的社会现实下，在健康中国战略大背景下，明确角色定位是突出青少年体育教育融合困境的必然要求。

二、体育教育中学校与家庭间融合困境

从实践效果看，我国家校体育融合还远未适应青少年体育教育的发展要求，学校和家

庭两个独立的主体融合不畅，从源头上看是中国传统体育观念所致，从直接原因来看则是各主体角色定位不清所致。

（一）升学紧迫性与健康延后性使学校体育处于绝对劣势

学校体育一切工作的展开旨在促进学生体质健康水平的提高和终身体育意识与习惯的形成。受“万般皆下品，唯有读书高”传统文化观念和“分数是王道”的教育考核评价方式影响，体育课被挤占并非个例。体育长期以来的学科弱势地位，导致学校领导、教师与学生自上而下地让体育教育边缘化，在体育教师的地位“低下”和不被理解的双面夹击下，其地位与安全的压力下，动力逐渐缺失。随着逐渐放权和家校关系紧张，承担责任最末端的体育教师在安全的“第一线”担惊受怕，频繁出现“三无七不”温柔体育课等问题。中国教育科学研究院体育卫生艺术教育研究所所长吴键认为：“青少年体质健康问题之所以长期得不到社会、学校，尤其是家长的重视，一个很重要的原因是青少年体质健康问题多呈滞后性。”再放眼现实，肥胖、近视、孤僻、忧郁等身心健康不良状态紧紧地缠绕着青少年，加上应试教育的倾向、近乎崩溃的学习压力、令人窒息的城市沙漠化、人际关系的荒原化，不仅折射了我国青少年体质健康孱弱之事实，更是昭示了其潜隐的深刻危机与深远影响。

（二）家校教育关系失序“泄力”体育教育

家长对子女的溺爱和高期望值也使孩子的身体锻炼与体质健康在家长心里无法替代学习成绩与升学的重要地位。调查显示，城市中小学生放学后，89%以上的学生不被允许到户外进行活动，从下午4点到晚上9点，学生几乎处于“静止”状况。校外生活的“影子教育”现象加重了儿童的课外负担，家长因“教育焦虑”“教育恐慌”而给孩子“施压”，也必然压缩了校外体育锻炼的时间。1980年前后出生的这代家长正是我国青少年体质连续下降30年期间成长起来的独生子女第一代，越来越多为人父母的独二代本身还不成熟，也表现出对孩子教育的迷茫，随之父母“缺位”、爸爸“缺席”、隔代抚养等带来的系列问题凸显，加上家长不爱运动和部分家庭对孩子饮食的放任，不良的生活方式和行为习惯，导致“小胖墩”“小眼镜”“小屏奴”诞生，家长忽略保障孩子身心健康的最基本育儿职责的履行，很大程度上“越位”或“错位”。虽然学校有很多体育教育的责任但也有限，很多家长的依赖赋予学校体育本身不能承受之重，学校的任何失误都使家长感到失望，继而特别容易走向另一极端，正是家长“缺位”，较少与孩子、教师主动、全面沟通，发现孩子某些问题就从孩子的单向信息中做出判断，在缺乏全面了解的情况下就追责教师、学校，此时家长与学校不是“战友”，而是体育教育的“对手”，成为学校体育的指责者和批评者，不是加力者，而成了体育教育的泄力者。

（三）单一性融合模式限制学校和家庭体育体育的融合

传统的单向性家校融合（学校和家长是“传递”和“接收”关系）一直以来似乎既是学校对家长的角色期待，又是家长无意在潜意识中的所作所为，牢固的尊师重教思想又让他们不敢冒犯教师和涉足学校的事务，只是被动地接收学校的指令并实施，而家长角色的特殊性使他们又不可能退出，但因他们缺乏增强身体素质或运动能力的知识，不具备应有的教育技能，使他们的体育教育角色扮演困难重重，难以履行好家长的职责。环顾四周的学校，当前“互联网+”时代的家长们还依然处在“有关心，无信息”“有热心，无活动”“有人群，无组织”“有能力，无平台”的状态，学校缺少信息共享、互相支援、共同发力的平台让家长更多了解学校，缺少吸纳家长中有利资源为学校体育带来繁荣与进步，缺少家庭体育教育的指导工作为家长科学参与孩子体育教育提供专业性保障而使家长“缺位”。

三、体育教育中家校融合的主体角色审视和定位

2018 年 9 月，习近平总书记在全国教育大会上发表的重要讲话中强调：“要树立健康第一的教育理念，开齐开足体育课，帮助学生在体育锻炼中享受乐趣、增强体质、健全人格、锤炼意志。”这是对我国学校体育工作提出的新要求和学校体育发展的全新定位，即确立享受乐趣、增强体质、健全人格、锤炼意志的“四位一体”目标是我国新时代学校体育工作发展方向，而明确学校和家庭角色定位并落实责任则是新时代促进青少年体质健康的关键。

（一）合理、准确的角色定位规避客观的不恰当行为

新时代健康中国背景下，学校体育的角色总定位就是培养与提高国民体育素质。合理、准确的角色定位能规避当前学校体育教育作为客观社会存在而表现出的不恰当行为，引导学校体育构建符合社会客观发展规律的行为体系。

合理、准确地定位学校体育必须关注两个关键人物——校长和体育教师。

第一，明确校长角色定位方能把握学校体育工作方向。张伯苓曾经说过：“不懂体育的人，不应该当校长。”作为处于学校管理系统的核心灵魂、主导地位、决策地位的校长，是学校体育变革和实施的保证人，在学校体育的发展中起到关键作用。校长对于体育教育在整个素质教育实施中的地位的认知，对学校体育工作开展的思路和构想，是决定一所学校体育教育工作开展得好坏乃至成败的关键所在。

第二，体育教师明确角色定位方能成为学生身心健康“操盘手”。体育教师不仅是学校体育的组织者，也是促进青少年身心健康的直接“操盘手”，是学生体质健康的促进者、体育精神的播种者、体育文化的传承者。

（二）学校提供专业性指导促进家长发挥家庭体育教育的主体责任

当前我国教育政策强调“充分发挥学校在家庭教育中的重要作用”，意在学校开展家庭教育工作过程中，明确自身目标、责任和方向，开展学校、家庭的指导工作从自发上升到自觉。引领者需要不断地学习、更新、改变，让自己具有资本和力量。学校指导家庭体育以不同形式提高家长的体育教育水平为目标，促进家长发挥主体责任，旨在面向家长普及科学的育儿观念，传授青少年体育运动相关的科学知识、掌握有效的安全保护措施及正确、简单的运动伤害处理办法等，为家长的家庭体育教育能力打好基础。家长在知识武装后成为改革和促进青少年体育运动的推动者。需要特别注意的是，学校指导须把握分寸，家庭体育教育指导对象是家长并非学生，应突出家长“家庭教育主体责任”的地位，不能越俎代庖取替家长。

（三）体育教育中的角色与职责分配

学校是人高效、集中接受规范、系统教育的场所。但将学校体育视为“万能”的，必然造成家庭与学校之间冲突，学生教育需家长和学校合作共同展开。《健康中国行动（2019—2030年）》文件中明确了学校和家庭的角色责任，提出要引导中小学生从小养成健康生活习惯，锻炼健康体魄，预防近视、肥胖等疾病。这就要求家长和学校应是合作伙伴关系的责任共同体，而家长在体育教育中与孩子是“亦师亦伴”，双方在责任承担共识动态平衡状态下形成教育最大合力。

1. 学校和家长是合作伙伴关系的责任共同体

在当下多元教育理念的引领下，需要学校和家长各司其职、同向而行、通力协作，更需要家长和教师之间更多的尊重、包容、支持。首先，学校定期向家长传递学校体育工作的相关信息，帮助家长认识学校体育行动背后的逻辑，让家长理解和认同学校相关工作从而得到良好的家庭环境支持。其次，家庭层面多配合学校要求，避免体育教育功利化。家庭中学生规律的作息时间、平衡膳食，以及适当教养方式都是促进青少年身体健康成长的关键。教育引导、督促陪同孩子进行体育锻炼、培养运动兴趣是家长应该承担的责任。最后，学校广纳家长资源来丰富学校体育教育，给学生更丰富的滋养，激发家长参与学校体育活动的热情，提供信任的舞台携手“家长智囊团”活动共建，也许会收获另一片美景。当然，在吸收家长参与时须遵守自愿和量力原则。总之，教师与家长之间的教育关系应是相互促进、彼此补充的合作伙伴关系，才能在孩子的体育教育中避免不必要的内耗。

2. “亦师亦伴”，家长提供良好的家庭体育环境

在青少年体育教育中家长应是“亦师亦伴”，父母积极参与体育运动或身体活动有利于为孩子从父母身上学习和与父母一起运动提供机会。父母在身体活动和体育运动经验，

道德行为和生活技能方面的模范作用，已被证明会影响到孩子的观念和行为。调查结果表明，父母适度参加体育运动的孩子参与运动比例为69%，而父母不参加任何体育运动的孩子中参与比例仅为24%。父母在青少年参与运动中可以不断地指导他们去理解和思考。比如，家长指导青少年运动，回答“我有进步吗?”“我表现得怎么样?”这些问题的方式，会极大影响到孩子的体育运动感受、参与动机、自尊和能力感。目前阻碍学生体育锻炼的最大问题是时间缺乏，家长平衡青少年校外文化课学习和体育运动的时间，提高对体育教育的重视程度，才能保证为学生营造良好的家庭体育锻炼氛围。

从学校层面进行角色定位的反思和总结，重新定位学校体育教育的发展方向，在学校内部不断提升“自我”而缓解“无计可施”问题的同时，引导家长建立科学育儿观念，做好家庭体育教育指导，与家长建立合作伙伴关系共同推进学生体育教育工作；从家长角度需认识到引导孩子养成体育锻炼的习惯，或者让热爱体育成为一种家风，家庭负有首要责任，而不能简单推卸给学校或他人。从教育发展的内涵上说，“好孩子需要好体育、好学校需要好体育、好国家需要好体育”，培养新时代的好孩子是家庭、学校、社会共同的责任。

第二节　学校体育与家庭体育的融合发展

2020年9月22日，习近平总书记在教育文化卫生体育领域专家座谈会上指出，要始终坚持健康第一的教育理念，加强学校体育工作，帮助学生在体育锻炼中享受乐趣、增强体质、健全人格和锻炼意志，同时要科学研判体育发展面临的新形势，坚持问题导向，聚焦重点领域和关键环节，深化改革创新，不断开创体育事业发展新局面。习近平总书记不仅强调了学校体育工作的重要性，更为学校体育工作指明了发展目标，同时对未来体育事业的统筹发展提出了新要求。

新冠肺炎疫情使学校体育的实施场域发生改变，前所未有地将学校体育和家庭体育串联在一起，通过参与主体的物理空间转移完成了场域的转变与嫁接，为重新审视学校体育和家庭体育的融合发展提供了新视角。在布迪厄的场域理论中，场域被定义为位置间客观关系的形构或网络，这些位置是经过客观限定的。布迪厄指的场域并非单指物理环境，不等同于一般的领域，是具有生机和潜力的存在，其中包括社会个体行为及与此相关的许多因素，是社会个体参与社会活动的主要场所，充满竞争和调适。因此，本节基于学校体育和家庭体育融合发展的现实需求，通过运用文献资料法、逻辑推理法等研究方法，探讨了当前我国学校体育与家庭体育融合发展过程中存在的问题，提出了学校体育和家庭体育融合发展的实施策略，以期为两者的融合发展和推进全社会共同参与运动、促进健康新模式发展提供参考。

一、学校体育和家庭体育融合发展的现实要求

（一）疫情下的应变

中华人民共和国成立以来，我国的学校体育已蓬勃发展 70 余年，无论是教学内容、教学手段还是教学的方式方法都取得了长足的进步与发展。2020 年春节前后，在突如其来的疫情影响下，我国各地先后实施了交通管制、停工停产等疫情防控措施。教育部为阻断疫情向校园蔓延，确保师生的身体健康和生命安全先后下发多项通知，指导高等学校、中小学进行疫情防控期间教育教学工作。教育部号召普通高等院校改善网络支撑条件、提升网络平台的服务能力、汇聚社会资源因地制宜地开展教育教学信息化工作，学校延期开学并做到停课不停教、不停学，学生在家不外出、不聚集，在家开展各类线上课程学习。

为有效应对疫情，学校体育教育的“特定场域”发生了改变。学校体育教学的实施空间从田径场、体育馆、健身房等转移到了“家庭”中，一时间学生进行体育课程学习的场所改为自家露台、客厅和卧室等。与此同时，学生进行体育课程学习时也带动了家人一起进行体育锻炼，以家庭成员为单位主体的家庭体育更广范围、更具影响力地出现在人们的视野中，如亲子广场舞、家庭太极操等市民自娱自乐的家庭体育模式登录各类网络平台。有研究者指出，家庭作为最基本的社会生活单位，在整个社会结构中发挥着重要作用。也有学者认为，家庭体育的开展，不仅有利于群众体育、全民健身的发展，对家庭成员间的关系促进、个人的品格塑造以及竞技体育后备人才的培养都有着不可忽视的作用。疫情的暴发催生了人们健康意识的回归，学校体育与家庭体育须加强融合发展。

（二）后疫情时代下的前瞻

疫情打破了学校体育传统模式的壁垒，使线上线下、校内校外、学校家庭三大模块间的边界逐渐瓦解，形成了相互渗透、融会贯通的趋势。学校体育与家庭体育的融合发展不仅是疫情下的应变，也是疫情后的前瞻需要。疫情中教学转为线上，授课系统的卡顿、示范与讲解的不匹配、球类项目实操的困难、家长的不支持及场地的限制等因素导致学校体育与家庭体育在各个方面都受到冲击和挑战。家庭参与教育的价值及重要意义在世界范围内已得到广泛认可，但是它与学校教育之间的长期可持续性的促进发展至今仍未得到深度融合和有效维持。在两者的融合发展中，后疫情时代要探讨的即树立前瞻意识，打破传统模式下学校体育和家庭体育之间的樊篱，改变两者之间各自发展的传统轨迹，厘清两者之间存在的问题，提出解决的办法，引领和构建未来教育发展的新格局，促进学生的身心健康及全面发展。

二、学校体育与家庭体育融合发展面临的现实问题

（一）融合主体未充分发挥作用

学校体育和家庭体育融合发展的直接主体是学校和家庭。学校体育是在学校这一大环境中，体育教师通过运用教学、训练、竞赛、组织课外体育活动等手段，培养学生的体育意识、兴趣、习惯、个性和良好品格，帮助其掌握体育知识方法和技能，以增强学生身体素质，促进学生身心的全面发展。学校体育的实施与参与主体分别是教师和学生。家庭体育是以家庭为单位，家庭成员组织或参与的体育锻炼活动，通过体育锻炼以满足家庭成员的兴趣爱好，丰富休闲娱乐家庭生活，实现强身健体和促进家庭和谐幸福。在求学的各个时期，学生都穿梭在学校和家庭之间，在两者之间学生充当着融合主体的作用。但在现实中，学生在学校体育中存在被动接受、敷衍了事、只求学分的现象，回到家庭中缺乏将学校所学体育知识技能与家庭成员分享、互动的观念与意识，并没有认识到传达体育知识和技能对家庭的重要性。很多家长对体育知识与技能也缺乏必要的认知，家长跟体育教师的沟通更是少之又少。长此以往，学生学校体育和家庭体育的融合主体身份仅限于游离在某一特定环境中，并没有发挥将两者相互融合、共同传达、相互促进的作用，这成为限制两者融合发展的主要问题。突如其来的疫情，让人们意识到身体健康的重要性，一些学生在完成学校体育作业的同时，也带动了家庭成员一起运动，如全家平板支撑、亲子乒乓球、母女仰卧起坐等，这说明以往学生在学校体育和家庭体育之间的纽带作用并未得到有效发挥。

（二）融合壁垒未被打破

相比较而言，学校体育是计划、组织、管理和运行均有完整体系的体育活动；而家庭体育则是自发、自组织式的，存在偶然性和非常态化特点。体育方面的专家学者也呼吁两者之间的连接发展，但一直收效甚微，主要原因是限制两者融合发展的壁垒仍未被打破，主要表现如下。①政策层面。近年来，我国相继出台了《青少年体育“十三五”规划》《体育强国建设纲要》等一系列政策指导学校体育的科学发展，但是关于学校体育与家庭体育共同发展的针对性政策却相对匮乏，宏观层面上指引两者融合发展的政策还存在缺位。促进相关政策的出台，积极鼓励学校与家庭间建立长期、稳定的共建氛围值得深度研究。②环境层面。融合发展氛围相对匮乏。在日本，学校经常会聘请校内外专家，在全校范围内定期举办体育健身等方面的讲座，要求在校师生都要参加，也会邀请学生家长到校旁听，这种体育氛围的营造有助于让学生、教师和家长共同加深对体育的理解，唤起对体育的重视。本节调查发现，北京市部分幼儿园、中小学已经陆续开展“亲子运动会”等活动，如北京市育英学校、石景山实验小学、燕丹学校、中关村外国语学校等每年开展“大

手拉小手”“亲子运动会”等活动，通过“亲子跳绳”“亲子毛毛虫”“亲子接力”等活动营造体育氛围，鼓励学生进行体育锻炼，增强学生体质，培养学生的集体荣誉感。但是，在全国其他省市这种体育氛围并未整体形成。③沟通层面。教师、学生、家庭成员间缺乏对体育知识、技能等方面的有效沟通。教师只负责学校体育中规定的相关工作，极少参与学生校外的家庭体育，教师与家长之间关于体育类的交流也仅限于局部小范围学生中的体育活动，三者关于体育的深度沟通与交流壁垒仍然突出。

三、学校体育与家庭体育融合、发展的实施策略

（一）制定融合发展政策

习近平总书记强调，要坚持问题导向，结合时代发展的背景，科学研判体育发展面临的新形势。在疫情防控常态化的形势下，线上和线下相结合的学校体育授课方式可能在一定时期内成为常态，学校和家庭间体育的场域将叠加得更加紧密。近年来，我国出台过一系列关于学校体育方面的政策法规，但关于家庭体育方面的政策却相对匮乏，对于家庭体育的指导性文件更是少之又少。同时，在政策上缺乏对家庭体育和学校体育的融合发展必要的谋划和系统推进。国家相关主管部门制定和出台相关政策，填补政策上的空缺可引导和鼓励学校体育指导家庭体育，为家庭体育增加科学性，激发两者的融合热情，促进两者向深度和广度融合发展，更大地发挥体育的价值。

（二）塑造参与主体的串联意识

学校体育的整体目标是让学生掌握必要的体育与健康知识和运动技能，形成运动习惯、健康的生活方式，最终促进身心健康。家庭体育的目标同样是通过成员间共同参与体育活动达到促进身心健康的目的。两者在行为目标上殊途同归，参与主体完全可以在体育行为实施的过程中将两者有效地串联起来，学生可以将学校体育延伸至家庭之中，鼓励父母有计划、有针对性地参与体育活动；有健身习惯或知识技能的家长也可以将习惯和知识传授给孩子，让其帮助更多的同学。但在现实中，两者的参与意识和热情都有待提高。在国家政策的引导下，培养学校体育和家庭体育间参与主体的串联意识，改变学校、教师、学生、家长之间融合的游离状态，使学校体育和家庭体育的融合主动地承担起传播学校体育、带动家庭成员体育参与的责任和义务，进一步增加我国的体育人口数量。

（三）创造与搭建融合发展线上平台

国家中小学网络云平台 2020 年 5 月初的统计数据显示，平均浏览次数达到 20 亿，访问人数超 17 亿；高等教育的统计显示，全国 1454 所高校开展了线上教学，103 万名教师在线开授 107 万门课，在线学习的大学生达 1775 万人。线上网络授课成为疫情防控期间

学校体育的主要授课形式，教师借助腾讯会议、微信等网络平台将授课内容、课下作业以文字和视频的形式传递给学生，使学生在家中完成学习。虽然线上网络授课取得了一定的教学效果，但也暴露出网络卡顿、平台有限、某些体育项目课件制作与播放技术不足、学生与教师间沟通受阻、教师不能第一时间感受学生对知识与技能的掌握状态等问题。在后疫情时代，线上可创造和搭建有针对性的可以同时供教师、学生、家长共同使用的体育网络沟通平台。首先，平台应具有观看视频、点播内容、作业打卡、互动交流等功能，教师可通过平台发布授课内容、练习方法、常见问题答疑等，学生可通过视频、照片等形式上传平台，家长和教师都可以通过平台了解和监督学生的完成情况。其次，学校也应加强教师网络素养的培养，客观科学地看待网络授课，积极学习和完善自身应对线上授课的技能，最大限度地发挥学生与学校、家庭之间的桥梁作用。

（四）建立长期有效的融合发展联动机制

学校体育与家庭体育的融合发展离不开国家、社会、学校和家庭间的协同合作。国家层面从政策法规上起到决定性的引导作用，主管部门应明确各自责任，制定具体可行的办法，引领两者的融合发展。社会层面是学校体育和家庭体育的有益补充，社会机构及团体在两者融合的发展方面也大有可为，如各类俱乐部定期组织亲子体能夏令营、亲子户外越野、亲子篮球赛等活动，激发家长和学生热爱体育、重视体育、参与体育的意识和热情。学校层面应主动打破学校和家长协作的樊篱，克服体育环境差异、受教育水平差异、对体育认知差异、运动能力差异等困难，采取建立学生家长委员会、设立家长开放日、开设家长参与网络平台、定期开展亲子体育活动等措施促进学校体育和家庭体育的交融。家庭层面，家长应自觉和自行认识体育在学生成长过程中的重要性，主动成为学校体育活动志愿者，帮助和陪同学生进行课下体育锻炼，营造家庭成员共同参与体育的氛围，做好学生终身体育意识培养的协同工作等。

疫情为学校体育和家庭体育带来冲击，同时带来人们对健康、对亲子关系、对体育价值等问题更深刻、更理性的思考。后疫情时代，学校体育和家庭体育两者需要明确各自在融合发展中的职责，打破传统各自为营的樊篱，聚国家、社会、学校、家庭四者之合力，形成自上而下、联动融合发展的局面。学校、教师、学生、家长四大主体应共同发挥聚力作用，制定融合目标、具体方案和实施办法，切实将体育教育内化于学校和家庭中，共同促进全社会成员的体育参与意识，助力全民健康和社会和谐。

第三节　学校、社区、家庭体育的协同治理

一、进一步完善相关立法，健全协同治理的法治程序

重视法治建设是治理理论的重要内涵之一，也是促进学校、社区与家庭体育协同治理

的重要保障。对于此，建议一方面要尽快修订、完善相应的法律法规，如在《中华人民共和国宪法》《中华人民共和国体育法》的修订中对公民体育权利进行确认，进一步完善学校体育意外伤害事故以及公共体育场馆对外开放方面的立法。同时，增强相应法律法规的可操作性，在制度设计、语言选择上提高法律法规的强制性，明确对违法行为的处罚措施。另一方面，由于我国整体上仍处于“大政府、小社会”的状态，社会组织与市场组织的地位相对边缘化，使其不能较好地对政府进行监督。尤其是对学校、社区与家庭体育协同治理而言，教育、体育两大部门更容易采取“人治”的管理方式，致使其决策带有随意性、易变性的特点，实施过程也带有盲目性、间断性的弊端。针对这一情况，要根据党的十八届四中全会精神，把公民参与、专家论证、风险评估、合法性审查和集体讨论决定五个环节纳入学校、社区与家庭体育协同治理的决策过程中，做到科学决策、民主决策。同时，健全跨部门的行政执法联动机制，对学校、社区与家庭体育协同治理的全过程进行法律监督。

二、构建行政契约制度，制定协同治理合作清单

根据公共治理理论，政府部门的权力是有边界的，这也决定了任何政府部门在实施公共治理活动时都有一定的领域。随着政府公共治理分工的专业化程度加深，政府部门间治理权力的交叉地带日益增多，这势必要求政府部门间要进行跨部门协同治理。事实上，学校、社区与家庭体育的一体化发展正是这样一种交叉地带，所以也亟须教育、体育两大部门进行合作、协同治理，这也是国际体育社会化治理的发展趋势。美国政府中有 12 个部门参与体育管理，其中 8 个部门与公共体育服务发展相关。这些部门之所以能够做到分工明确、协同推进，很大程度上取决于在实施之初便制定了协同治理的合作清单。

推进跨部门协同治理是一项系统性工程，主要有以下两种路径：①进行机构整合与调整；②进行机制创新与规范。对于学校、社区与家庭体育的协同治理而言，前一个路径的实现主要依赖于中央政府是否会将教育与体育两大部门进行顶层设计上的调整。当前情况下，应将更多精力放在第 2 条路径的建设上来，即构建教育与体育两大部门在学校、社区与家庭体育一体化发展上的协同治理机制。在教育与体育两大部门的协同治理机制构建上，重要的前提是顶层决策中枢（如全面深化改革领导小组）能够意识到学校、社区与家庭体育一体化发展的重要意义，并着力推动教育与体育两大部门的协同合作。在引起顶层决策中枢的重视上，一方面要靠学界、媒体与民众的呼吁，以及人大代表、政协委员的反馈；另一方面，还要靠教育与体育两大部门的积极谏言。

在学校、社区与家庭体育的一体化发展上，更应靠教育、体育两大部门主动建立协同治理机制。如完善两大部门间的联席会议制度，围绕学校、社区与家庭体育的协同治理进行充分讨论，制订出强制性合作方案。同时，探索成立学校、社区与家庭体育协同治理委员会，由教育、体育两大部门的主要负责人、专家和基层工作人员组成，商议制订每年的

工作计划。此外，还可以仿照发达国家普遍采用的解决跨部门问题的行政缔约制度，来增强教育与体育两大部门在学校、社区与家庭体育协同治理上的合作。如每隔两年制定《学校、社区与家庭体育协同治理合作框架协议》，通过行政契约的形式，将原本松散、临时的部门间合作关系固定化、制度化。最后，关键在于按照“谁负责、谁治理”“谁失责、谁担责”的原则，建立分工明确、权责明晰的合作清单制度，减少甚至避免责任部门的懒政、怠政现象。

三、做大增量、盘活存量，创设复合型体育社会组织

为促进体育社会组织在学校、社区与家庭体育协同治理上发挥作用，主要举措是做大增量、盘活存量，创设复合型体育社会组织。在做大体育社会组织增量上，主要从两方面着手：给政策和给援助。在给政策上，主要是改革两项制约体育社会组织发展的政策瓶颈：一个是社会组织的注册挂靠制度；另一个是“一业一会”的非竞争性原则。针对第 1 个政策瓶颈，应考虑到体育社会组织的公益性，尽快制订其“直接依法登记注册”的实施方案。正如党的十八届三中全会所要求的，应限期实现行业协会商会与行政机关真正脱钩，重点培育和优先发展行业协会商会类、科技类、公益慈善类和城乡社区服务类社会组织，成立时直接依法申请登记。在破解第 2 个瓶颈方面，应鼓励其他省市参照广东省允许“一业多会”的经验，放开对体育社会组织“非竞争性”原则的限制。在给援助方面，主要是建立从国家到省市、区县的体育社会组织经费补助、评估考核与业务指导等激励与保障措施。

在盘活体育社会组织存量上，①教育与体育两大部门应转变传统的部门职能定位，意识到学校、社区与家庭体育一体化发展的复杂性，加强部门间的协同治理。对于教育部门而言，要鼓励学校体育俱乐部为学生家长和社区居民提供服务，体育部门也要强制性要求社区体育社会组织每年提供一定比例的针对青少年的服务。②综合性管理部门要建立相应的发展规划和配套机制，来激励学校体育俱乐部和社区体育社会组织协同合作，如社区居委会可以发挥纽带作用，通过资金调配、服务购买、委托经营等形式加强学校体育俱乐部和社区体育社会组织的互动合作。③创设复合型体育社会组织，如成立全国性的学校、社区与家庭体育协会，深度参与学校、社区与家庭体育的协同治理，进而避免传统体育社会组织服务定位单一的弊端。

四、放松限制、搭建平台，吸引市场组织参与协同治理

在促进市场组织参与学校、社区与家庭体育的协同治理上，①教育、体育两大部门要按照《关于加快发展体育产业促进体育消费的若干意见》的要求，取消不合理的行政审批事项，凡是法律法规没有明令禁入的领域，都要向社会开放，进而为市场组织参与学校、

社区与家庭体育一体化发展扫清制度障碍。②通过财政补贴、税收优惠、土地廉价转让等直接手段，吸引市场组织参与学校、社区与家庭体育的协同治理。③推进“官办分离”，通过合同外包、特许经营与凭单制等间接手段，为市场组织参与学校、社区与家庭体育的协同治理提供机会。④加大对和学校、社区与家庭体育相关度较高的体育健身休闲活动业以及体育培训与教育业的培育力度，引导其行业协会制定服务产品标准，提升服务质量。⑤建立健全有效的监管制度，把好市场准入关，防止市场组织过度竞争所导致的服务变质现象。

五、注重分类、加强考核，引导社会体育指导员参与协同治理

在学校、社区与家庭体育的协同治理中，也应高度重视社会体育指导员在健身指导与活动组织中的纽带作用。①通过制度建设和政策激励，吸引更多体育教师加入社会体育指导员队伍建设。如体育部门可以与教育部门进行沟通，达成合作协议，将参与社会体育指导纳入体育教师的职称考核体系或者年度绩效考核体系。再如，参照吉林、辽宁等省份的经验，对参与社会体育指导工作的体育教师给予一定的补贴。②由于我国目前还没有建立较完善的社会体育指导员分类机制，在对社会体育指导员的考核与评估上更多的是基于指导时间、次数进行，缺乏对社会体育指导员服务质量与类别的准确鉴定，一定程度上弱化了社会体育指导员的服务积极性。而日本在社会体育指导员队伍建设上，除注重分级外，也重视类别的划分，即分为社区体育指导员、竞技体育指导员、商业体育指导员、体育活动计划指导员、少年体育指导员和休闲体育指导员。其中，少年体育指导员多由学校体育教师构成，专门负责青少年校外体育活动的组织工作。德国与日本类似，其社会体育指导员主要有体育指导员（普通性的）、特定项目指导员、青少年指导员和体育经营指导者四类。而且，两个国家均根据不同类别的社会体育指导员，制定了有针对性的考核与升级要求。建议参照日本、德国的经验，健全我国社会体育指导员的分类机制。③引导社会体育指导员积极参与学校、社区与家庭体育互动活动指导与组织，并将其纳入社会体育指导员的培训内容与考核指标体系。

六、用好项目制治理方式，通过多样化的活动增进协同治理

项目制是政府部门为实现某一领域的发展，所采取的专项资金资助特定项目的治理方式。项目制在我国经济与社会发展中已成为一种常见的治理方式，如国家重大建设项目、科研项目和民生项目的立项、实施与评估等。由于项目制以实现某一目标为总前提，所以其具有整合性治理的特征，能够较好地协同不同部门进行合作。考虑到学校、社区与家庭体育的协同治理具有跨域性的特点，所以推行项目制治理方式能有效推进学校、社区与家庭体育的一体化发展。例如，可以从国家或省市层面拨付专项资金，建立一定数量的学

校、社区与家庭体育俱乐部，要求这些俱乐部每年必须开设一定比例的活动，旨在促进学生、家长与社区居民联动的活动开展，并建立相应的考核与评估机制。此外，还可以通过开展多样化、联动式的活动来增进学校、社区与家庭体育的协同治理。如借鉴上海市开展市民运动会的经验，通过设立“大社区亲子奥运会”主题活动的形式，吸引学生、家长与社区居民共同参与比赛活动，进而增强学校、社区与家庭体育的联动意识。再如，借鉴上海市开展市民体育大联赛的经验，吸引学生、家长与社区居民共同参与体育比赛。最后，还可以通过设立面向普通民众的全民健身日、健身周和健身月活动，增进学生、家长和社区居民的体育参与意识与凝聚力，促进学校、社区与家庭体育的一体化发展。

七、加快跨部门协同电子政务建设，推进跨部门信息共享

在当今的公共事务治理中，一个不容回避的现实就是，信息技术的快速发展，为跨部门的协同治理提供了新路径。对于学校、社区与家庭体育的一体化发展这类复合型治理难题而言，利用信息技术搭建跨部门电子政务平台，可以有效消除部门间的“信息孤岛”。在促进教育、体育两大部门协同治理学校、社区与家庭体育一体化发展上，主要有两种路径：①教育、体育两大部门共同出资建立旨在促进学校、社区与家庭体育一体化发展的电子政务网站，并分别委派专人在该网站上进行电子办公，协同解决学校、社区与家庭体育一体化发展过程中可能遇到的问题；②教育或体育部门在本部门综合性电子政务网站上，开辟学校、社区与家庭体育协同治理的专题板块，并向体育或教育部门的专职人员开通权限，进行合作办公。

信息共享不应仅仅局限于政府部门之间，还应将其拓展到政府、社会组织与市场组织的联动上。如政府部门可以在官方网站或手机客户端宣布旨在促进学校、社区与家庭体育一体化发展的公共服务购买项目，再由社会组织与市场组织竞标。此外，社会组织与市场组织也应积极建立官方网站、微信公众号，向居民推广公共服务。以上海市社区体育协会为例，其在官方网站上专门设置了“社区体育配送”板块，且在该板块设置了“青少年培训”子板块，所提供服务不仅包括社区赛事、技能配送和青少年培训等实践性服务，还包含健身讲座等理论指导性服务。在此基础上，其还专门建立了微信公众号，通过手机客户端推广所配送的服务，有效地促进了学校、社区与家庭体育的协同治理。

八、建立跨部门的协同治理监督机制，倡导引入第三方评估

治理理论认为，由于跨部门协同治理的成果具有公共性特征，所有的参与部门都能从中受益，包括那些没有分担治理成本的部门。对于学校、社区与家庭体育的协同治理而言，因为涉及多个部门，所以有必要建立相应的监督机制，以促进集体行动的有效性。从我国跨部门协同治理的经验来看，建立部门间的相互监督机制虽然可以增强部门间的协同

治理意识，但由于部门间多是平级监督，缺乏真正的约束性，所以由更高层级的部门对跨部门协同治理进行监督更具可行性。对于学校、社区与家庭体育的协同治理而言，在国家层面最好由国务院建立相应的监督机构，在地方层面最好由当地政府建立相应的监督机构，来督查教育、体育等部门参与学校、社区与家庭体育协同治理的情况。

考虑到跨部门实现协同，并不必然保证政府部门朝着公共利益的正确方向推进，也可能存在多部门联合谋取利益的“共谋”行为，所以引入第三方评估是必要的。对于学校、社区与家庭体育的协同治理而言，在建立好相应的层级监督机构后，建议通过购买服务的形式，委托第三方对各部门参与学校、社区与家庭体育协同治理的情况进行独立评估。对于此，可以借鉴上海市为了探索实现“管办评”分离成立第三方评估机构——上海市学校体育评估中心的做法。例如，可以成立学校、社区与家庭体育一体化发展评估中心，由该中心定期发布学校、社区与家庭体育一体化发展年报、绩效评价结果等信息，以提高教育、体育等部门参与学校、社区与家庭体育协同治理的主动性与责任意识。

促进学校、社区与家庭体育的协同治理，不仅是健康中国战略落实到基层的重要举措，也是体育治理体系现代化建设的内在要求。在促进学校、社区与家庭体育的协同治理上，教育部门要重视学校体育发展，加大经费投入，保障学校体育良性发展所依赖的场地与师资需求，同时健全相应的监督与评估体制，提升学校体育场馆的对外开放率，鼓励学校组织开展面向家长、社区居民的体育活动，鼓励体育教师面向家长、社区居民进行健身指导服务，进而彰显学校体育在学校、社区与家庭体育协同治理上的中心主体作用。体育部门要转变传统的主要面向社区居民和家庭提供公共体育服务的认识，意识到学校体育在促进社区体育、家庭体育开展中的牵引作用，通过制度建设和经费支持，引导体育社会组织开展旨在促进学生、家长、社区居民共同参与的体育活动，通过完善社会体育指导员分类体系和考核机制，督促社会体育指导员面向学生、家长、社区居民提供指导服务，进而加强社区体育、家庭体育与学校体育的互动。此外，还应通过健全法律法规，完善跨部门行政契约制度，加快跨部门协同电子政务建设，建立跨部门协同治理监督机制等，加强教育、体育两大部门在学校、社区与家庭体育协同治理上的合作。

第五章　现代家庭体育服务

第一节　现代家庭体育服务概述

一、现代家庭体育服务

在构建社会主义和谐社会和倡导健康、文明的新生活方式下，体育不再只局限于强身健体的生物功能，其人文与教育功能正在日益凸显，已成为个人乃至家庭幸福生活的必不可少的一部分。家庭体育服务是指为家庭体育需求提供各类产品、服务或创造有利条件的统称。健全家庭体育服务体系是促进我国家庭体育蓬勃发展的前提条件，是推动我国全民健身运动深入开展的内在需求。

二、现代家庭体育服务的特点

家庭体育服务具有以下五个基本特点：①服务对象的特殊性，是一个最基本的社会组织，有可能是这个组织中的一个人，也有可能是一个小集体，服务对象的年龄更可能是横跨人生的各个阶段。②服务内容的多样化，在不同价值观、体育观的指导下，家庭体育需求不尽相同，要求以家庭体育需求为导向的家庭体育服务的内容也必须多样化。③服务机制的多元化，家庭体育服务可以是政府提供的最基本的公共性、公益性的公共服务，也可以是在市场经济体制下诞生的营利性体育服务机构所提供的量身定做的特殊服务，同样还可以是民间组织或协会提供的会员式服务，也不把以个人名义或志愿者名义提供的服务排除在外。④服务周期的不固定性，根据家庭体育的不同需求，提供的服务时间也不尽相同，可长可短，像基础性的公共性体育服务更是延续至生命的结束。⑤服务内容的“人本”性，是以上基本特点的总的指导纲要，和谐社会中的各类服务均应体现“以人为本”的指导思想。

三、现代家庭体育服务兴起的缘由探析

（一）家庭体育的蓬勃发展

事物的发展与其所处的时代背景密切相关。家庭体育的发展某种程度上取决于社会的

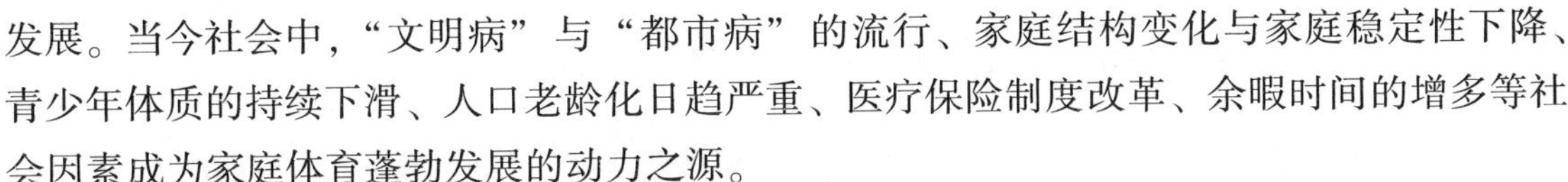

发展。当今社会中，“文明病”与“都市病”的流行、家庭结构变化与家庭稳定性下降、青少年体质的持续下滑、人口老龄化日趋严重、医疗保险制度改革、余暇时间的增多等社会因素成为家庭体育蓬勃发展的动力之源。

（二）政府政策导向的积极推动作用

《体育法》的颁布，从法律上保障了人民参与体育的权利，并为家庭体育服务提供了法律依据。《全民健身计划纲要》的颁布与实施，可以看作中国体育史上的一个里程碑，为我国家庭体育服务提供了政策上的保障。由国家民政部等5部委出台的《关于加强城市社区体育工作的意见》和国务院下发的《关于进一步加强和改进新时期体育工作的意见》对我国家庭体育服务的发展也起到了积极的推动作用。

四、健全现代家庭体育服务的基本原则

（一）宏观调控与市场调节相结合的原则

政府通过经济手段、法律手段和计划手段对家庭体育服务进行均衡、合理的调节，以保证家庭体育服务的科学、可持续性发展。在健全家庭体育服务的进程中，政府除了进行宏观调控以外，还应通过科学、有效的分配方式对所掌握的资源进行合理再分配以实现最广大群众的体育利益。也就是说政府有义务提供惠及大众的公平、公正的基础性家庭体育服务产品，公民亦享有体育基本公共服务的权利。市场调节则刚好与政府的宏观调控相对应，它是对家庭体育服务需求细分的一种回应，是以单个家庭的具体需求为导向，提供个性化的服务产品。与政府的公益性相反，提供市场化服务的主体参与家庭体育服务体系是为了盈利，其本质是追求利润的最大化。在我国的基本国情与市场经济体制下，家庭体育服务注定将是一个多元化的服务体系，是政府、市场和社会三方供给主体的有机结合，共同发挥作用以满足广大家庭的普遍需求。

（二）系统性与科学性原则

系统是由相互关联的个体组成的集合。公共服务是一个大系统，家庭体育服务是其中的一个子系统。在健全家庭体育服务的进程中，政府是引领者，一定要树立系统的观念，尽量保留各个子系统自身的特点与优势，并协调各子系统之间的衔接和关联事宜，努力营造一个良好的发展氛围。科学性原则，是指以科学发展观来指导家庭体育服务体系的建立与健全。一方面要树立全面、协调、可持续的总体发展方针，统筹规划，构建科学、合理的家庭体育服务体系；另一方面要树立以人为本的基本原则，以服务于民为宗旨，真正做到便民、利民，促和谐、增文明的发展理念，从而保障家庭体育服务体系向着正确的方向健康、快速发展。

（三）坚持创新与动态、开放发展的原则

要建设科学的、符合时代需求的家庭体育服务体系必定要锐意进取，不断创新。首先，是机制上的创新，包括管理运行机制、财政保障机制、监督问责机制等，当然转变政府职能，创建一个优质的服务型政府亦包含其中。其次，创新家庭体育服务供给模式，要适应市场变化，支持与鼓励市场调节体制下的多方位、多层次、多主体的多元化服务供给，形成多元参与、共同竞争的市场格局，来提高家庭体育服务供给的质量和效率。另外，政府也可采取招标、委托、购买等方式，来促使家庭体育服务供给的均等化。社会是不断变化的，人民的需求也是不断变化的，那么就要求家庭体育服务体系也必须是一个不断发展与完善的动态的、开放的体系。在家庭体育服务体系的建设与发展中要不断地汲取新知识、新科技、新方法、新模式，以适应时代的需要和满足家庭体育不断增长的新需求。

第二节　现代家庭体育服务体系

一、构建以政府主导、民间组织与私人机构为补充的供给体系

家庭体育服务体系是公共体育服务体系中的一个子系统，体育公共服务体系是以政府为主导的服务体系，故在家庭体育服务体系的构建中政府亦充当“主导者”的角色。家庭体育具有“人人”“天天”的特征，所以家庭体育服务具备惠及国民、普及大众的公共特性。政府有义务为家庭体育提供基础性的服务，这种基础性服务的核心是体育资源，主要包括以下基本要素：一是体育基本设施，涉及公共体育场地设施和国有体育场地设施（包括学校、事业单位）的利用和对公众开放等问题，体育基本设施是提供家庭体育服务的物质基础；二是人力资源，从事家庭体育活动管理、组织、指导的专业工作者；三是信息服务，利用媒介、实物等多种宣传渠道，为家庭体育的开展提供科学的体育运动知识与健身知识，倡导家庭开展科学合理、喜闻乐见的体育活动；四是服务机制，在服务项目、服务载体、服务内容、服务效率等方面形成兼顾公平和效率的富有活力的服务机制。由于家庭的结构、经济水平、教育程度、意识观念等方面存在差异，决定了家庭体育需求的多样化，而后者也间接决定了家庭体育服务供给体系的多元化结构。民间组织或社会团体是政府与人民之间的桥梁，是构建服务型政府的坚强后盾，其提供的家庭体育服务也是非营利性质的，是对政府家庭体育服务的补充。私人机构提供的家庭体育服务是以营利为目的，是市场经济的产物，它可以提供灵活的、个性化的、高端的体育服务，它可以缓解家庭体育需求过盛与政府服务不足之间的矛盾，进而成为政府家庭体育服务必不可少的补充。

二、构建以家庭体育需求为导向不断完善的家庭体育服务内容体系

家庭体育服务的内容体系是由家庭体育健身、休闲、娱乐、竞赛、教育、实现自我、增进感情、传承家庭传统文化、促进家庭成员社会化等需求要素构成的有机整体。家庭体育服务的内容体系是构建家庭体育服务的核心，是实现家庭体育服务终极目标的载体，没有它家庭体育服务体系的其他要素将失去功效。家庭体育的需求是多样化的，且会随着社会的发展和时间的推移而发生变化。要满足多样化的家庭体育需求，一方面需要多元化、多层次的家庭体育供给体系，另一方面要与时俱进、不断完善与创新家庭体育服务的内容体系。要不断开发与创新家庭体育活动的内容、形式、方法和组织手段，注重引导家庭体育的开展，既要科学合理，又要贴近群众，突出主题、力求实效。

三、构建家庭体育服务保障体系和监督体系

家庭体育服务保障体系，是指由保障家庭体育服务供给的相关政策、法规、法律等要素构成的有机整体，它是保障家庭体育服务供给正常运行的基础条件。当前，我国家庭体育服务相关的法律、法规和政策的建设滞后于实践，加快家庭体育服务相关的立法建设，建立健全家庭体育服务的法律法规体系，并制定相关的财税优惠政策，放开家庭体育服务市场，促使家庭体育服务业的快速发展。监督体系的职能是监督、控制与反馈，它是监控家庭体育服务部门与机构、团体的服务能力，反馈家庭体育需求信息等相关制度及系统的总称。监督—反馈—诉求新需求—需求被满足，监督体系使家庭体育服务体系形成一个良性循环，并能够保障家庭体育服务体系的科学合理、高效率运行。

第三节　家庭变化与现代家庭体育服务

一、家庭规模的缩小，呼唤家庭体育服务走进家庭

家庭是社会的“细胞”。与每个社会成员关系密切，对个体的观念、习惯、态度的形成有极大的影响。从社会学的角度看，作为一个特殊的社会群体，家庭活动的目标是创造一个充满温馨和爱的社会环境，以利于每个家庭成员的成长、发育、社会化和自我实现，并提供生活和感情方向的支持。因此，家庭是指以婚姻关系和血缘关系为纽带而构成的社会生活共同体。从体育社会学的视角看，家庭是个人体育娱乐健身最为重要的社会基础。家庭的规模、结构、职能和生命周期等对家庭成员的身体健康和情感有着极为重要的影响。家庭规模是指家庭人口的数量，近代家庭规模变动的趋势表现为家庭规模在不断缩小。家庭人口的减少能使人们有更多的时间和精力进行物质上和精神上的互动，更多地关

注自己的身体健康，预防疾病的发生，加强自我健身与保健。家庭是开展体育健身服务最主要的场所，“以家庭为体育娱乐健身单位”又是家庭体育服务的一项重要的原则。因此，家庭规模的缩小促使家庭体育服务走进家庭，从而带动了家庭体育服务的形成和发展。

二、家庭结构的简单化，呼唤家庭体育服务走进家庭

家庭结构是指家庭组成的类型及各成员间的相互关系。它反映了家庭的组成成分、家庭关系、家庭成员相互作用的方式和家庭的最终目的。从人口角度看，家庭结构可以分为复合家庭、直系家庭、核心家庭、不完全家庭和单身家庭五种类型。近代家庭结构变动的趋势是复合家庭在减少，直系家庭尤其是核心家庭在增加。这表明，家庭结构呈简单化趋势，“四世同堂”的家庭在我国基本消失，“两代家庭”已成为主体。家庭结构的简单化导致家庭因资源缺乏而削弱了应付紧张事件的能力，与家庭有关的体育健康问题也日益增多。家庭及其成员越来越需要体育健身服务的指导和帮助，而对社区中的全体居民提供体育健身服务是落实《全民计划纲要健身》的基本任务之一。

三、家庭职能的弱化及其部分职能的丧失，呼唤家庭体育指导员走进家庭提供完整有效的体育健身服务

家庭职能是指家庭对个人和社会的作用，从社会学的角度看，家庭具有生育、生产、消费、教育、抚养和赡养、满足情感和调节性功能等职能。在不同的生产方式下，家庭职能会有所变化，而且表现的形式也不完全相同。随着家庭规模和家庭结构的变化，简单的现代家庭取代了传统的大家庭。这不仅使传统的家庭观念受到猛烈的冲击，而且丧失了传统家庭所特有的某些重要职能，并把部分职能逐渐转向社会。与此同时，现代家庭又面临着诸如压力过大、关系不稳定等许多严峻的挑战，使家庭成员的生活质量和身心健康受到影响，一方面家庭成员之间日益疏远，另一方面对家庭体育指导员的依赖性却不断增加。这就要求家庭体育指导员必须具备处理家庭有关的问题以及提供家庭体育健身服务指导的技能，使每一个家庭成员真正形成从生理、心理和社会因素全面认识健康的观念，通过身体运动、合理营养等主动方式增进体质、促进身体健康，只有这样才能为个人和家庭提供完整有效的体育健身服务。

四、家庭生活周期的延长，呼唤家庭体育指导员走进家庭，促使家庭体育服务的形成和发展

家庭生活周期是指从家庭的产生到这一家庭结束所经历的时间，即从夫妻组织家庭开始到夫妻双亡为止的时间。每个家庭都经历着产生、发展、衰老、死亡的过程，家庭生命

周期有着明显的阶段性。一般按照家庭发生的主要事件和妇女年龄划分为六个阶段：新家庭产生阶段、生育和抚养孩子阶段、孩子陆续就业和结婚阶段、家庭开始收缩阶段、空巢阶段、配偶死亡和本人死亡阶段。随着经济的发展和人口预期寿命的延长，家庭生命周期也在延长，尤其表现为第1阶段和第6阶段这两个阶段。在这两个时期，夫妻双方由中年进入老年，家庭问题和自身的健康问题逐渐增多，是生活事件的高发期，各种生理和心理疾病接踵而至，于是老年家庭体育保健服务成为亟待解决的重要课题。对此，一方面需要充分发挥家庭自我体育保健功能；另一方面也应当依靠家庭体育指导员提供的体育健身服务，以此提高老年人的体育生活质量。

第六章　现代家庭体育锻炼概述

第一节　现代家庭体育锻炼概述

家庭是儿童生活的场所，是出生以来接触人生的第一所学校，儿童心理的成熟、智力的开发、技能的锤炼、情意的培育、气质的生成等素质，都需要体育锻炼作为基础，这也是人身体发展的必然规律。但是，目前我国青少年儿童的身体形态、机能、身体素质状况和国外（日本、美国、加拿大）同龄儿童相比差之甚远。现实中的家庭体育的教育甚至走向抑制儿童正常成长的方向，其表现：一是把孩子的体育锻炼的责任大部分推向体育教育的所属学校，而把家庭体育教育的功能降到最低，仅仅满足于给予孩子物质方面的需求；二是家长本身就缺乏家庭体育锻炼常识和方法，面对孩子的身体锻炼从一开始就显得相对盲目，认为自己教不了孩子，或无从教起，因而就出现了把孩子的体育锻炼交给社会培训机构的行为；三是部分家长对孩子体育教育往往具有功利性质，因此，摆在我们千百万家庭面前的问题是如何发挥出家庭体育锻炼的作用，使我们的孩子能够健康成长，成为对社会有益的有用之才。

一、家庭体育锻炼的地位和作用

家庭活动内容丰富广泛，而家庭体育锻炼又是其中的重要组成部分，是不可缺少的教育环节之一。它与学校、社会中开展的体育教育具有紧密的联系，但同时又具有自身的特点和发展规律，是其他教育所不能替代的。由于家庭是儿童青少年长久生活的场所，儿童身体素质如何，首先取决于家庭体育。

家庭体育是指儿童在家长的关心和指导下所进行的有组织、有计划的体育锻炼活动，也是培养终身体育观念和行为的最佳手段。家庭体育的主体是父母，客体是孩子；活动的场所主要在家庭居室及周围环境中进行；锻炼的原则是根据居室条件与成员的爱好和兴趣，利用属于自己的时间选择健身内容与方法，以达到身心健康的目的。家庭体育的锻炼是长期的、经常性的，这对儿童建立终身体育锻炼的意识，形成终身体育锻炼习惯具有催化剂的作用。

二、家庭体育锻炼的特点

（一）游戏性

游戏在家庭体育中占有重要的地位。父母与孩子可以在日常体育锻炼中多做一些游戏，如踢毽子、跳皮筋、投沙包、攻城、捉迷藏、跳房子等多种形式的游戏。这样不仅有丰富多彩的锻炼方式和良好的锻炼效果，更能在锻炼的过程中除了享受运动带来的乐趣外，增进父母和孩子间的亲情交流，还可以帮助孩子克服各种电脑和网络游戏的吸引力。

（二）竞争性

有人说："家庭是社会最小的细胞，搞好家庭体育对构建和谐社会有很大作用。"近年来，社会各界通过电视、广播、报纸等宣传媒体都把宣传"发展家庭体育，参与构建和谐社会"这一主题作为己任，通过大力宣传，家庭体育已深入人心。有的举办了"家庭体育趣味赛"，有的举办了"睦邻节"，有的举办了"同楼单元拔河赛"等。通过这些体育活动，儿童既可以在充满竞争的环境中锻炼身体，提高自己的身体素质，增强顽强奋斗的坚强意志，又能通过对规则的认知和遵守学会与人相处，培养良好的人际关系。

（三）技能性

身体的技能是体育运动所需要的，以提高技能为目标的练习是体育运动的快乐之一，而且在学习体育技能的同时，人的体力、精力及运动能力均可以得到提升。家庭体育锻炼是具备技能性的，在家庭体育锻炼的过程中，家长所教授的是最基本的体育技能，如跑、跳、爬、翻等，而且随着孩子的年龄会逐步增长。另外，家庭体育锻炼的技能性很大部分取决家长本身的体育技能水平。

（四）健康性

由于体育既锻炼身体，又净化心理，所以与人的身心健康密切相关，对处于激烈生存竞争与压力下的儿童来说，通过体育活动尤其能够促进身体与智力的健康和谐。体育锻炼对促进大脑的生长发育、改善大脑的功能有着积极作用，经常参加锻炼的人大脑神经的反应速度较快，大脑皮层的分析和综合能力也较强。体育锻炼引起大脑运动中枢的兴奋，使学习中抑制加强，从而使已疲劳的神经细胞得到充分的休息与调节，使学生保持充沛的学习精力，因此能提高学习的效率。

（五）自然性

家庭体育锻炼更容易与大自然亲近，在双休日或节假日一家人可以来到大自然中，做很多有趣的体育活动，如钓鱼、登山、野外生存训练等，全家人融入大自然之中，体验自然之美，探索自然的奥秘，使身心都得到放松和快乐。

（六）文化性

家庭体育是人类共有的历史文化，与其他文化领域一样，家庭体育作为一种以身体表现精神的创造性活动，丰富着人类的社会活动。我国自古就有习武的精神，父母将自身所学的武术传给自己的子女，这样世代传习才有了中华武术博大精深的尚武文化。

（七）终身性

家庭体育锻炼具有终身性的特点，它可以贯穿人的整个生命历程，只要人处在家庭生活当中，这一过程就不会终止。

综上所述，家庭体育锻炼是伴随家庭成员从幼年至晚年的一种终身体育锻炼，不仅通过种类繁多的运动项目整体上呈现着上述多元特征，而且随着个体年龄、体力、心境及环境观念的变迁，多元特性的侧重点也会发生阶段性推移。如幼年期的体育活动突出“游戏性”，青春期则张扬着“竞争性”，成人期较多关注体育中的“社交性”，而人至暮年，对于健康长寿必将倾注更多热忱。

三、家庭体育锻炼的原则

（一）安全性

在进行家庭体育锻炼，必须树立安全第一的原则，减少运动风险。一是运动项目的选择合理和前期准备要充分。家长和学生要对自己身体状况有一个全面了解，根据自身的身体条件选择适合的运动项目，挑选适合的运动器材，并合理着装。二是注重活动场地的安全。要寻找合适的运动空间，做好运动环境的检查，排除安全隐患，确保运动时的安全。三是要科学锻炼。活动前均要进行慢跑、身体拉伸、活动关节等准备活动，来提升身体机能，从而预防运动损伤；活动中运动负荷要遵循由小到大、由慢到快、由弱到强的循序渐进原则，还要根据出汗情况适当补充水分；运动后期放缓运动节奏、减小运动量，利用深呼吸、慢跑、拉伸等方式进行放松活动，让心率重归正常、恢复平静。

（二）趣味性

进行家庭体育锻炼只有充满了趣味性，才能更好吸引学生自主、持久地参与体育锻炼。一是活动的内容要新颖。在传统的跑、跳、投基础上创新活动内容，可以根据活动情场景随机变化活动内容，也可以借鉴网络上流行的、新颖的方法来进行，多采用游戏类有趣味性的方式来吸引学生的兴趣。二是活动项目要丰富。在家长或老师指导下，根据学生兴趣，合理安排活动计划，要经常变化活动项目，坚持“每天一小练，每周有拓展”。三是活动平台多样性。可以充分发挥线上的作用，利用软件、App小程序等，跟随视频做运动，也可以上传自己的运动视频，接受同学、网友或者软件系统的评价，加强互动，来提升体育锻炼的趣味性。

（三）适度性

家庭体育锻炼要适度，不能过量。一是项目要简单易行。根据家庭或附近的运动条件，选择不用或可以方便购买的运动器材、简单易学的项目来进行，如不用器械的项目：徒手操、韵律操、慢跑、快走、爬山等，简易可行器械的项目：羽毛球、乒乓球、篮球、足球、自行车、跳绳、棋牌、毽子、飞镖、呼啦圈等。二是运动负荷要适度。以运动后感觉劳累而不疲惫，恢复快、食欲好、睡眠好，第二天精力充沛，记忆力加强，学习效率高为准。坚持每天进行家庭体育锻炼1小时，保证每周有三次运动锻炼平均心率达到130次/分，持续30分钟以上，以出汗或出小汗的程度为合适。三是不能影响其他人。要选择合适的时间、场地来进行，不要动静太大，不能妨碍家人、邻居或附近居民的合理休息，有条件可以到专业的培训机构进行。

四、家庭体育锻炼基本内容

家庭体育锻炼内容应根据个体身体发展阶段、兴趣爱好，选择最为适合的锻炼项目。

（一）幼儿期以“游戏”为主要锻炼方式，旨在培养孩子的基本生活和生存技能（3～6岁）

孩子参加体育锻炼应从幼儿阶段开始，这个时期主要是幼儿基本能力培养的关键期，重点应放在感知觉能力和基本的走、跑、跳能力的培养上，如鼓励孩子积极进行室外活动，参加各种游戏、郊游等。

（二）儿童期以“健康性”为重点进行锻炼（6～9岁）

这个时期的儿童是发展“协调性、灵敏性”的关键期，重点应放在基本体操和基本跑跳投能力的培养上，如跑步可安排短跑、长跑以及慢跑、快跑；跳跃可选立定跳远、原地横跑、跨越等；投掷可指导进行投沙包等活动；体操包括基本体操、技巧、支撑跳跃、低单杠等。

（三）少年期以“技能性”为重点进行锻炼（10～15岁）

这个时期的少年是发展“力量、速度、耐力”等项素质的关键期，重点应放在学会两项或三项体育锻炼项目的能力培养上，借助于体育项目锻炼身体、提高身心抗负荷的能力。例如，家庭球类是根据少年心理、生理特点，采用小场地和简易规则进行的小型足球、篮球、排球、羽毛球、乒乓球等球类活动。

（四）青年期以“竞争性”为重点进行锻炼

这个时期应以“综合的身体和心理素质”为重点，在家庭的内部可以展开对抗性的体育活动，也可以成立一些家庭活动小组，如篮球队、足球队等，利用闲暇时间参加社区、社会和学校组织的小型体育竞赛，培养学生的竞争意识和互相配合、团结协作的团队精神。

五、家庭体育锻炼应注意的几个问题

为了避免在锻炼时可能出现的意外伤害，家庭体育锻炼还应做好以下准备工作。

（一）做必要的热身

当肌肉越松弛时，它们也更容易被驾驭和扩展，做这些运动将使你减少受伤机会。因此，花上 5 分钟的时间，让身体完全地活动开，有稍稍出汗的感觉是最好的。

（二）做必要的伸展运动

当锻炼一处肌肉的时候，它会变得紧绷而缩短，伸展运动就是帮助你放松肌肉，从而防止第二天的肌肉酸痛。做这个动作的最好时间是在完成热身运动之后，同时须持续每个动作 20～30 秒的节奏，这将有助于肌肉松弛，使健身者获得一个更有意义的伸展运动。

（三）做必要的水分补充

正在进行运动时，身体会因流汗而迅速丧失水分，而这些液体必须及时补充，否则，随着时间的推移，身体就会出现脱水的现象，人也会感到口渴难耐。所以，在运动的自始至终过程中都不要忘记给身体补充水分。

（四）运动最后需要“冷却”

如同健身之前身体需要时间“预热”一样，身体在锻炼之后，也需要时间恢复平静，让心率重归正常。可以缓缓地放慢动作，直到心跳还原至每分钟 120 下或更少。当感到自己的心跳趋于缓和，呼吸也逐渐平稳时，也就完成了最后的“冷却”工作。

综上所述，家庭体育锻炼具有自身所特有的内容和形式，遵循自身特有的规律和原则，对儿童的身心发展有不可替代的作用，也是儿童教育中不可缺少的重要环节之一。但是现实中它的作用并没有得到足够的重视，它需要受到全社会的关注，更需要每个家庭切实地予以实行。

第二节　体育锻炼的家庭影响因素

家庭是我们出生伊始就处在的环境，也是我们接受教育的起点。家庭教育具有基础性和长期性，是社会和学校不可代替的。体育作为一种教育方式，在国家大力发展群众体育的情况下，体育得到了众多家长的认可。父母是孩子的培养与监护人，也是第一任教师，在孩子进行体育锻炼的引导与选择上起到了决定性作用。在这种作用下，孩子的体育锻炼必然受到影响。父母在子女的体育参与中扮演着重要角色，热衷体育的父母能够促进子女的体育参与，而且这种影响伴随其子女一生。由此可知，家庭对青少年的体育锻炼具有重要的影响。

一、家庭结构对青少年体育锻炼的影响

我国是传统观念很强的国家，因此我国的家庭结构比较稳定，但是随着社会的发展，受到外来文化和社会因素影响，我国群众的思想观念逐渐开放，使我国的家庭结构出现了变化。王梅等指出，不同家庭结构的青少年的体育锻炼情况是不同的。相关研究表明，单亲抚养和双亲祖辈共同抚养的青少年的健康总体状况略差于双亲抚养的青少年，且更容易出现不健康饮食、锻炼不足等不健康行为。造成这种结果的原因是，单亲家庭对青少年心理上造成不可修复的伤害，使其思想、情感和性格不够完整，在家庭交流中比较困难，单亲父母对其的管理放松；在几代同堂的家庭中，青少年受到祖辈家长的溺爱比较严重，使父母的管理教育失去作用，致使青少年出现较多的不良行为，对青少年的健康没有任何作用与帮助。

二、家庭经济对青少年体育锻炼的影响

随着我国经济的飞速发展，我国人民群众的经济收入也在稳步上升，有着经济收入对生活物质的保障，居民对事物的看待与生活的方式也在逐渐变化，尤其是居民的体育价值观和体育在日常生活中的比重越来越大，越来越多的家庭愿意花钱买健康。不同经济收入的家庭对体育的消费也不同，并且会影响青少年参加体育锻炼的情况。雷先良和周贤江指出，家庭经济收入高低与青少年的参与体育锻炼存在较大的关系，家庭经济水平的差异，会使家庭青少年在体育消费投入发生变化。家庭收入较高家庭的孩子们参与课外体育活动的可能性更高。由上可知，家庭经济收入高的家庭青少年比家庭收入低的家庭青少年参加体育锻炼的可能性高。体育锻炼是提高家庭生活质量的行为，而家庭经济收入的高低决定着家庭生活质量，家庭经济收入的高低性也影响着家庭对体育的消费，高收入的家庭父母会为孩子的身体健康投入更多的资金。

三、父母态度对青少年体育锻炼的影响

在家庭中，父母是青少年监督教育的责任人，青少年做任何事情时，他们是非常希望得到父母的支持与鼓励的。父母对青少年参与某项活动持支持或鼓励的态度时，往往会提高青少年的积极性，使其会有更高的参与度。对青少年参与体育锻炼也是如此，父母态度会影响青少年参与体育锻炼的程度。欧远群的研究证实，家长对待子女参加体育锻炼的态度对小学生直接体育参与方面的影响具有显著性意义。田登辉的研究证实，家长的支持态度对孩子参加短网培训有很大的影响。综上所述，青少年的体育锻炼受到父母态度的影响，父母支持的程度越高，青少年参与体育锻炼的可能性就越高，参与的积极性就越强。

四、父母文化程度对青少年体育锻炼的影响

文化影响人们思想、思维方式和对事物的认知，而文化程度的高低会造成其在思想、思维方式和对事物的认知方面产生差异。文化程度高的父母在思想、思维方式和对事物的认知上相对程度较高，使其对体育相关知识的认知和理解程度较深。而青少年在日常生活始终受到父母的影响，父母对体育的认知和理解会通过这种影响作用在青少年的身上。随着时间的推移，这种影响作用会不断加深，子女对体育的认知和理解也会逐渐提升。戎岩的研究指出，家长学历不同对小学生足球运动认知有非常显著性影响。张静在研究中指出，父母体育认知程度越高对学生影响越大，但不同学历的父母存在较大差异。在不同学历父母的比较中，父母的学历越高对学生的影响越大。综上可知，父母文化程度越高对青少年参加体育锻炼的影响越大，其参加体育锻炼的可能性也就越高。

五、父母体育行为对青少年体育锻炼的影响

父母是青少年的第一任老师，也是他们心目中的榜样。在青少年的成长过程中，父母的行为习惯会深深地影响子女，并且子女会模仿学习父母的行为习惯，慢慢形成自己的行为习惯，而且在行为习惯养成之后，这种影响也会一直持续存在。父母良好的行为习惯会得到子女的肯定并促使子女向父母学习。李念在研究中指出，父母体育态度与行为越好，学生在体育态度、参与体育运动次数、运动时长、体育课成绩、体质测试结果等方面情况越好。还有研究表明，父母和子女每周固定时间参与体育锻炼，其子女良好的体育锻炼更容易养成，其体质也会更健康，其也更有可能养成终身体育锻炼的习惯。经常和孩子一起进行体育锻炼的父母，会用自己实际的体育行为给子女建立良好的榜样，让子女更好地感受体育锻炼给自身带来增强体质的好处。父母良好的体育锻炼行为给青少年进行体育锻炼树立了标杆。

六、家庭体育氛围对青少年体育锻炼的影响

家庭体育氛围是指家庭成员在进行体育锻炼、阅读体育新闻和观看比赛等活动中逐步形成的具有家庭特色的体育活动气氛，是家庭成员所共同认同的。青少年体育锻炼的态度及其表现出来的体育行为是都会到家庭体育氛围的影响。良好的家庭体育氛围可以培养青少年好的体育锻炼习惯。良好的家庭体育氛围，家长肯定会对体育新闻、赛事等与有关的体育活动进行关注，并且会带领青少年进行体育锻炼。在这样的家庭体育氛围的影响下，青少年会表现出对体育的兴趣，甚至青少年会利用在家庭体育氛围影响下学到的体育知识自发和朋友或同学进行体育锻炼。可是，目前我国家庭体育氛围不太乐观，很多父母都忙于工作赚钱，没时间锻炼，并且父母受“唯分数论”的影响依然较大，认为进行体育锻炼不能提高考试的分数，不愿意让孩子参加体育锻炼。

七、家庭居住环境对青少年体育锻炼的影响

家庭居住环境对青少年体育锻炼的影响，主要是指家庭所在社区的体育文化、锻炼场所和器材方面的影响。在我国，居住在城市和农村的家庭，在体育文化、锻炼场所和器材方面有较大的区别。居住在城市的家庭有较多公共体育锻炼场所和健身器，市区中的体育商店有各种各样的体育器材出售，有关体育文化的宣传也比较频繁，所在的社区参与体育锻炼的人数也会相对较多；并且在城市里体育活动的开展相对较为普及，这都为城市里的青少年进行体育锻炼提供了相关的体育知识和体育保障。而居住在农村的家庭，公共体育锻炼场所和健身器比较少，体育文化宣传和体育活动基本没有，体育器材缺乏，并且体育器材种类很少，这给青少年体育锻炼造成了较多的不利因素。家庭居住环境的不同也会制约青少年参与体育项目，在城市的青少年参与体育的项目选择较多，尤其是市中心，在农村的青少年可选择的体育项目较少。

青少年体质健康现在虽有好转，但是存在的问题也很多，如青少年的肥胖率和视力不良都持续上升，因此青少年体育工作依然要加强。家庭作为对青少年体育锻炼的重要影响因素，家庭要担负起培养青少年体育习惯的责任。作为父母要掌握相关的体育和健康卫生知识，并加强体育锻炼意识；也要培养青少年的体育兴趣和良好的体育锻炼习惯，为其终身体育意识打下坚定的基础。

第三节　现代家庭体育锻炼的方法

一、终身体育下家庭体育的锻炼方法

国家推出了“全民健身计划”，提出了“体育强国”战略目标，“终身体育”思想要

求人们在人生的每一个阶段都要坚持锻炼，将体育运动贯穿一个人成长的全过程，直至生命的终结。当然，培养一个人的终身体育意识和终身体育习惯，必须从学生时代开始，否则难以落实到位，这就表明学校体育教育是关键，家庭体育教育是辅助，而二者的结合，则会起到更加积极的促进作用。鉴于此，本节着重研究终身体育下家庭体育与学校体育的和谐发展，以便更好地培养学生的体育素养，实现学生的全面发展。

（一）终身体育背景下和谐发展的内涵

国运盛、体育兴，体育兴旺、民族富强。体育的命运与国家民族的命运是密不可分的，我国的体育事业只有积极融入并能富有创新性地服务于中华民族伟大复兴的历史进程，才有可能得到强大的发展动力、广阔的发展舞台，才能铸造中华民族伟大、灿烂的明天。从体育事业的可持续发展中，不仅包括学校体育运动，还包括家庭体育运动，二者的相互结合、相互促进。在终身体育背景下，学校体育与家庭体育的结合，有助于学生的自我完善和自我发展，二者是空间上的延伸，将体育运动贯穿一个人的生命全过程，真正实现终身体育下人的和谐发展。从纵向来看，就是以终身体育的教学理念贯穿学校体育和家庭体育的全部内容，确保体育锻炼的连续性和整体性；从横向来看，要求学校体育密切联系家庭体育，使二者协调发展，不可偏向任何一方。

（二）家庭体育与学校体育相融合的必要性

为了更好地提升全民体育素养，应当将家庭体育与学校体育进行相融合，其对学生体育运动习惯的培养具有不可低估的现实意义，其必要性主要体现以下两个方面，即多种健康行为的培养和因材施教模式的落实。

1. 多种健康行为培养的需要

作为学校体育教师，能够以专业的动作技能和知识要点指导学生，帮助学生形成正确的价值观，同时也有助于学生自觉锻炼。然而，体育教师却不可能监督学生的校外体育行为，只能依靠家庭，但是家庭体育不够专业性，仅仅起到监督、引导功能。当然，家庭体育和学校体育各有优势、各有劣势，任何一方都不能完全顾及学生的多种健康行为，只有将二者融合起来，统筹多方面资源，才能确保学生的身心健康发展，使其养成良好的健康行为。

2. 因材施教模式落实的需要

将家庭体育与学校体育相融合，不是凭空设想出来的育人方案，而是有根有据，具有一定的科学性与合理性。由于不同学生的出身环境不同，父母的教育方式不同，身体素质存在明显差别，以及有的学生内向、有的学生外向，性格决定了其参与体育运动的动机，所以要实施个性化教学，而家庭与学校体育的有机结合，有助于充分发挥学生的特异性，

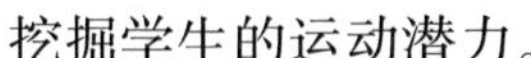

挖掘学生的运动潜力。

（三）终身体育下家庭与学校体育的和谐发展策略

构建学校、家庭共同承担教育责任的新型体育教育模式任重而道远。学校体育要改变过去的封闭状态，将学校体育与家庭体育有效地结合在一起，营造一个连续进行体育学习、锻炼的条件，让学生走出校门，也能不间断地进行锻炼，并逐渐形成自觉锻炼身体的兴趣、能力、习惯，最终形成终身体育，这是一项长期而艰巨的任务，有赖于一定的组织、制度和措施作为保障。

1. 采用多种形式体育活动

学校可以采用多种形式的体育活动，达到家校体育教育的一体化，帮助学生更好地参与体育锻炼。一方面，放学之前，学校应当减少文化课程的作业，将空余的时间留给体育作业，布置一些简单的、可以在家锻炼的运动项目。如此一来，学生就能将体育“带”回家，家长对其进行监督，确保学生放学后能积极地参与踢毽球、跳绳等相关活动，同时也让家庭体育氛围更加浓厚。另一方面，学校体育的形式较多，体育教师还可以组织学生参加野外运动、登山等“家庭运动会”，有了父母的陪伴，学生将会更加活跃地参与体育运动会，并在此基础上激活家庭体育，形成优势互补，共同促进学生体育水平的提升。

2. 构建家校体育协调中心

学生在接受教育的阶段，家庭环境的影响足以与学校教育相提并论，特别是在父母的关心和呵护下学生能够健康成长，做到自律、品质端正。毫无疑问，一旦将家庭体育与学校体育进行相结合，必能补充学校体育所不能传授的知识，使学生形成良好的课外体育习惯，而家校体育协调中心则是一种比较有效的融合方式。例如，学校要在每周开设 1 次开放性的体育课堂，让家长和学生自由听课，家长和学生都有机会学习专业的体育知识，久而久之，家长就会进一步了解孩子的体育基本功能训练情况，同时家长也能将自己学到的知识向学生示范。

3. 体育教师指导家庭体育

一方面，随着人们生活条件的好转，许多家长会购买一些体育器材置于家中，不管是室内，还是室外，都能看到各种各样的现代化锻炼器材，甚至也有家庭健身房，学校可以安排体育教师在课外时间前往学生家中，为家庭体育锻炼提供指导。另一方面，为了提升家庭体育运动效果，学校体育教师可以从学生的自身条件出发，科学地制订家庭体育活动计划，并印成小册子，让学生带回家，确保家长依照标准协助子女完成体育项目的锻炼任务，再将学生的训练结果反馈给体育教师，共同促进学生的体能发展。

4. 贯彻落实各项规章制度

在终身体育背景下，不管是学生还是家庭，都要坚持锻炼身体，而学校与家庭体育的融合，更能促进学生终身体育意识的形成，为其养成良好的体育习惯奠定基础。当然，实现学校体育与家庭体育的有效结合，还要贯彻落实各项规章制度，应由专人专职负责制定、检查、落实与反馈，严格执行各项奖惩内容，以人为本，让家校成员从根本上支持、融入家校体育教育。通过家校的各种体育与健康竞赛、讲座、展板、录像等方式，宣传学校、家庭一体化的体育模式的理念与实际操作流，并要让家校成员在参与过程中不断感受到家校体育模式的实用价值，共同努力，促进它的科学化、人性化、系统化与规范化，促进家效体育一体化模式的不断成熟与完善，不断实现终身体育下家庭体育与学校体育的和谐发展。

总之，推行“终身体育理念”是我国走向繁荣富强的必然要求，而做好体育教育工作是关键，学生的身心正处于发展阶段，难以正确地对待体育运动，容易从心理上抵触运动，他们几乎看不到体育运动的价值，需要体育教师的引导，也离不开家长的监督与促进作用。所以，家庭与学校体育的融合已是大势所趋，只有有针对性地培养学生，注重其身心发展特点，家校合作，共同制订有利于学生身体健康的体育学习计划，才能逐渐树立起学生的“终身体育”意识。

二、基于微信的家庭体育锻炼方法

家庭体育如何有效落地，家校合作显得尤为重要。家长的监督与评价、班主任的引导、体育教师的布置与检查反馈等都是需要相互合作的。班主任、家长、体育教师是家庭体育作业实施与落地的三大支柱。随着微信的迅速发展，利用微信小程序打卡、学校微信公众号展示体育作业图片和建立体育作业家长微信交流群三大手段来支持家庭体育作业的完成。

（一）微信支持课外体育的实施

1. 微信小程序打卡

以往是通过人手一本《体质健康成长册》每天登记来执行体育作业，现在利用家长登录微信小程序“小打卡”来完成每周的家庭体育作业。教师只需要在“小打卡”里面发布每周任务，例如，针对一年级有必选的一分钟跳绳项目还有自选的坐/立位体前屈、拍篮球、跑步五分钟等。教师建立好小程序的打卡内容以后，将链接发布在家长微信群即可，家长可以实时查看本周的家庭体育作业任务。在“小打卡”里面家长发布孩子完成的动态以后，教师和其他人可以在该条内容下评论和点赞。在学生完成本周“小打卡”任务以后，教师可以在后台统计每个班的打卡次数，打卡的内容也会以 Excel 形式自动生成，教师根据学生的打卡次数和完成内容质量来进行奖励和表扬。及时地反馈与评价有利于长期有效地鼓励孩子坚持去完成家庭体育作业。

2. 公众号和家长朋友圈

教师观察发现，学生家长有经常发微信朋友圈的习惯，如发旅游照片、发孩子阅读照片等。如果通过布置家庭体育作业，鼓励家长把孩子锻炼照片或者小视频分享到朋友圈，通过大家的点赞和留言激发孩子持续锻炼的兴趣，也能够感染周围朋友及家庭进行体育锻炼，逐步形成良好的锻炼氛围。学校还开设了体育公众号，每周利用微信公众号发布体育作业完成情况好的学生和进步的学生。近期学校的体育活动都会通过公众号发布，来营造学校体育运动的氛围。

3. 微信家长群

教师在任教的每个班都建立了班级微信群，从而建立更加和谐的家校关系，为教师和家长搭建了实时交流的平台，让家校合作更加密切，拉近了家长和教师之间的距离。在微信群里教师可以利用微信视频录像和拍照的功能，实时上传学生课上运动表现，以便于家长可以随时看见孩子在学校的实际运动状态。在家完成家庭体育作业的时候，家长也可以随手把孩子运动视频或者照片传至家长微信群，一来营造浓厚的班级运动氛围；二来教师可以一对一指导孩子运动，及时提供技术指导和改进意见，解决课上人多不能够一对一指导的问题。在线方便快捷的方式，可以有效帮助教师了解每一个孩子的学情，方便后续的教学进度调整和管理。

（二）家庭体育实施的几点思考

1. 体育布置要结合课堂

课外体育作业的基础一定是在课堂上，课外体育作业是服务于课堂，是加强和巩固练习体育课上的运动技能。因此体育教师在布置课外体育作业时，一定要结合本年段的学情及本周课上教学内容和学生掌握运动技能的情况。

2. 体育评价要精准

在布置完课外体育作业之后，家长发送在“小打卡”或者微信群里的体育作业内容教师一定要及时反馈和有针对性地进行点评。教师在点评和反馈的时候语言一定要准确和通俗易懂，最好是图文并茂，并且要以鼓励为主。

3. 体育评价时间统一

“小打卡”和家长微信群的评价时间要统一，定时开放发送时间和评价时间。微信在实时便利的同时，往往需要教师随时随地回复家长问题，这样无形中增加了教师的工作时间和扰乱了其正常生活秩序。因此教师规定好发送时间可以有效地完成工作量并方便记忆储存。

4. 体育评价线上线下相结合

线上线下相结合，家校合作的主体是服务学生。在家长线上微信上传学生运动视频或者照片时，教师可以选择分类储存，每月做一次展示，让学生看见自己的进步和了解其他小朋友的运动视频。奖励和鼓励相结合，展示后可以进行现场表彰，让学生体验认真完成课外体育作业后带来的成就感，激发学生参与锻炼的热情。

第七章　现代家庭体育训练的基本项目

第一节　启蒙训练项目

一、体育启蒙教育概念及现状

通过查阅相关教育理论资料，我们可以这样来描述体育启蒙教育：体育启蒙教育通过体育活动来让幼儿体会体育活动所带来的快乐和健康，通过体育活动情感教育的功能，使幼儿能在一个自由的健康环境中发展，形成健全的人格。体育项目的学习和体育知识以及健康知识的学习，是体育启蒙教育的主要的教学安排，目的是让幼儿能够得到有效的锻炼，在进行体育活动的过程中发现乐趣，有效促进幼儿身心健康的发展和健全人格的养成。即在幼儿、幼儿时期，运用体育的方法和手段进行早期体育培养和学习。

考虑到幼儿的特殊性，我们也需要制订适合幼儿学习的体育启蒙教育方案。在生理上，幼儿处于成长发育阶段，骨骼、心脏等的发展还不适应较大强度的体育联系，要格外注重体育项目的选择；在心理上，幼儿的思维能力较差。具有一定的模仿能力，多动活泼。容易对新鲜的事物引发兴趣，所以在进行体育启蒙教育时，要着重注意方式方法，引起幼儿的注意，有利于幼儿的身心健康发展。

了解了体育启蒙教育的含义和体育启蒙教育的特殊性，我们可以来分析一下现阶段我国的体育启蒙教育的发展现状。通过了解和调查，我们从两方面总结了体育启蒙教育的发展情况。

首先，体育启蒙教育没有完善的理论基础。从教育部颁布的体育教学要求来看，体育教学专家从多个角度分析小学、初中学生的生理和心理特点，制订符合学生健康成长的体育运动方案，但是对于体育启蒙教育阶段的重视还是相对较少，在这一环节的体育教育的规划相对模糊，并没有相当明确的理论依据和相应的实践。体育启蒙教育大多局限在体操类运动，单一的体育运动无法完全激发幼儿的学习兴趣，从而无法完成锻炼身体和发展身心健康的基本目标。

其次，在实践教学阶段体育启蒙教育也有所欠缺。由于没有体育启蒙教育的理论基础，导致在进行体育实践教学过程中表现得很被动。很多体育教师并不知道科学的体育启蒙教育内容，只能够根据自己的经验和判断进行相应的教学计划，这在很大程度上有冒险的成分，不能够完全保证所选择的体育教育实践活动真正地符合幼儿发展规律，真正地促进幼儿身心发展。

二、体育启蒙教育的可行性分析

（一）体育启蒙教育具有科学性

体育启蒙教育的实施符合教育学的思想，跟学前教育有异曲同工之处，但是所具有的特点是不同的。学前教育阶段注重的是人性格形成的主要推动作用，而体育启蒙教育可以在前期就促进幼儿性格的形成和发展，此外，启蒙教育更是影响幼儿的身心，推动幼儿朝着身心健康的方向发展，激发幼儿的学习兴趣和情感态度的培养。如果学前教育是幼儿在成长中的一个阶段，而幼儿期则是这个阶段中非常重要的时期，体育启蒙教育有明确的教学目标，体育活动多种多样，幼儿在参加体育活动的同时可以培养自己的认知能力和与人相处的能力，在团队合作的体育活动中更容易形成积极的人生态度和人与人之间的团结互助所带来的满足感。可见，幼儿启蒙教育符合如今的教育发展理念，正确实施体育启蒙教育具有一定的科学性。

（二）体育启蒙教育有利于学前教育的推广

体育启蒙教育不同于其他的教育方式，由于幼儿的心理生理特点，没有很强的自制力和社会认知能力，无法采用传统的教育模式，体育教师需要用一种更加活泼灵活的体育教学模式来满足体育教学要求。从某种方面来说，体育启蒙也是幼儿开始真正地认知社会的一个过程，通过体育启蒙，幼儿可以锻炼自己独立自主的能力，因为在进行体育活动时，幼儿在一起形成了一个小的集体，渐渐适应和同龄幼儿相处的模式而不是依赖父母，有助于幼儿性格的培养，幼儿从离开家庭开始接触外面的世界，可以开发智力和发现潜力，在进行学前教育时不再显得被动，通过体育启蒙教育趣味性的教学，幼儿不再抵触学前教育，甚至会主动参与，有利于学前教育的推广。

（三）体育启蒙教育扩展教育思路且利于终身教育

幼儿教育的教育思路扩展了，不再是单一的进行的幼儿园的教育，只要是对幼儿进行的有益于幼儿身心健康成长的教育都可以称为幼儿教育。体育启蒙教育是一种具有特殊性的教育模式，因为它的受教群体是处于幼儿期的幼儿，身份是比较特殊和具有一定特点的，体育启蒙教育对于促进幼儿身心健康发展和人格健全具有重要意义。体育教育具有新教育的优势，弥补了教育思想的不足。适合当代终身教育理念，是切实可行的现代教育思想。

三、体育启蒙教育途径以及几点尝试

对体育启蒙教育的可行性分析，证明了发展体育启蒙教育是有一定的必要性。对体育启蒙教育概念的描述以及现如今对我国体育启蒙教育发展现状的研究，可以看出我国的体育教育还是有待提高的，我们更加重视教育发展的方法和手段，也要尝试一些新教育模式。下面是经过调查做出的几点尝试。

首先，可以根据体育教学目标，调整教学中的活动形式。根据幼儿的兴趣爱好组织相应的体育活动，幼儿的体育活动需要注重方式的选择，幼儿大多活泼好动，但是思维观念不是很清晰，需要教学者的带动和引导，等真正的引发幼儿的兴趣之后，可以让幼儿进行自主的选择，这样有利于发现和发展幼儿的潜能，充分锻炼幼儿的自主选择性和互动性。

其次，传统体育教育和新型教育相结合。传统的体育活动大多具有集体性的特征，并且有一定的目标，这种统一的模式很难满足所有幼儿的需求，所以在进行传统体育教育的同时也要开展一些新型的体育模式，增加对幼儿的创新性和自主性的侧重，充分发挥幼儿的想象力，使幼儿真正地融入这种体育教学模式，在提高身体素质的同时，对创新性和灵活性也有一定的发展。

最后，需要合理地控制运动量。幼儿的身体正处于发展的阶段，在进行体育启蒙教育时，我们要充分考虑到这一问题，合理的体育运动有利于幼儿的发展，一旦运动过度，身体负荷过大，幼儿就很难承受。幼儿不具有判断能力，而且这个阶段的幼儿精力旺盛，往往运动量超过自身的承受能力就会出现一些问题，这就需要在进行体育启蒙教育者按照幼儿的体质标准，严格控制运动的时间和强度，确保幼儿可以接受合理的体育训练，达到教学目标。

综上所述，开展体育启蒙教育具有重要现实意义。如果能够形成一个良好的体育的教育环境，对幼儿的动作的发展会有一个很好的教育和启蒙的作用，有利于今后幼儿的德、智、体、美的全面发展，启蒙教育本身符合终身教育的观念，所以我们要不断发展体育启蒙教育的实施，在原有的基础上不断完善，真正地有利于幼儿的身心发展。幼儿教育是着眼于未来的事业，我们要充分地认识到体育启蒙教育在我们的社会发展中起到的重要作用，在实践中不断地研究和进步，为我们的祖国培养出合格的下一代。

第二节　健美训练项目

有学者指出，家庭体育还应该包含以家庭为单位参与的社区活动、校园亲子项目等形式。从组织的形式和参与人员的复杂程度来看，将居家活动之外的体育运动归于家庭体育是不合适的，只能说家庭体育已经开始逐渐渗透进社区体育和学校体育，而不应该将家庭体育的界定扩大模糊。

一、健美训练在家庭体育中应用价值分析

健美训练集体操、舞蹈、音乐、健身、娱乐等体育项目于一体，并在动作中加入了早期非常受大众喜爱的迪斯科、霹雳舞和爵士舞等元素，配合头部、身体躯干、四肢、臀部、髋部的动作，加强了健美训练的趣味性和观赏性。健美训练分为健身健美训练、表演健美训练和竞技健美训练三大类，针对人们在家庭体育中的应用，多数人会选择强度较低、动作简易、节奏感强的健身健美训练和大众健美训练进行锻炼，项目本身属于有氧运动，可以有效锻炼练习者的心肺功能，培养有氧耐力素质。

新冠肺炎疫情的出现让居家成了人们生活的主要模式，但是宅在家不代表身体和精神“宅”在家，在此情况下更需要一定程度的体育锻炼。家庭体育是当前体育运动的主流模式之一，与学校体育、社区体育相比，它所展现的理念与教育、竞技性体育是有区别的，人们似乎在家庭体育运动中不会产生过大的压力，反而可以通过负荷适当的健美训练运动减少生活工作压力，更容易被现代大众接受。

（一）健美训练在家庭中实施限制因素少

健身健美训练具有普及性，对运动者的年龄也没有具体的限制，且受众范围广。在疫情防控期间，大范围的聚集运动相对难以实现，居家健身成为人们的主要运动形式。在场地方面，健身健美训练活动范围较小，不需要其他运动器材或者运动场地，器械的使用加大了人们运动的时间和运动的成本，而健美训练可以随时在家中进行运动。健身健美训练的运动负荷一般集中在 115 次/分，有增强肺活量、改变呼吸频率、预防和治疗呼吸系统疾病的作用。在时间方面，健美训练在家庭体育中时间相对灵活，不管是晨起还是饭后，都可以进行锻炼。一般一支健身操的时间在 2 分钟至 2 分 30 秒，运动强度低，跳完一支完整的健身操完全可以起到热身的效果，如果运动时间宽裕，进行多次运动，使其变成长时间的有氧运动，锻炼效果也会大大提升。

（二）健美训练有利于丰富家庭精神文化生活

健身健美训练门槛较低，像人们平时生活中的广场舞、有氧操、减肥操等都属于健身健美训练的范畴。其构成属于基础性身体动作，像侧并步、一字步、V 字步等搭配简单的大框架手臂动作，本身起到的就是热身的效果，即使在没有基础的条件下，通过手机网络、电视媒体等软件都可以进行学习。没有专业的教练指导也能够在自己兴趣的驱使和生活认知下开始进行运动，在运动中获取满足感和自身成就感。

家庭体育本身的性质就与健美训练相辅相成。不同的音乐、不同的舞蹈类型可以满足家庭成员的各种诉求。例如，站在孩子的角度，他们更喜欢街舞元素的健美训练，可以在家长的陪同下进行运动，激发孩子的运动兴趣，使孩子在家庭运动的氛围中感受亲情，培

育孩子的情感价值观。居家健美训练可促进家庭各个成员的身体健康、心理健康，改善家庭成员关系，特别对亲子关系大有益处，也成为全家聚在一起锻炼的渠道，形成了老年、中年、青年、儿童一起进行锻炼的活动模式，将增进家庭成员之间的感情，更能够传承家庭体育文化。

二、健美训练运动在家庭体育中的教育意义

（一）有利于发挥健美训练在家庭体育中的教育职能

在疫情阶段，教育部提出的“停课不停学”号召，完成了家庭教育和学校教育的完美结合，与此同时，在新课标的体育课程要求下，体育运动作为学生必须掌握的学科范畴，故健美训练也在家庭体育的队伍中融入家庭教育。健美训练作为有氧与无氧并存的运动，其运动强度和运动负荷非常适合学生在学习后进行放松和调节身体机能，并能有效地发展学生的协调性和柔韧性，在培养学生积极健康、自信开朗精神的同时改善了学校教育中只看中文化成绩的古板观点，培养学生多方面发展，发掘学生身上的闪光点和优势，进一步促进学校体育与家庭体育的有效融合。

（二）有利于丰富家庭体育开展形式，培养终身体育意识

当前，我国全民体育盛行，但国民的整体体育意识始终处于低层次、低认知的层面，学生的学业压力逐年增加。家庭作为最基础的社会单元，单元中父母的行为、思想、参与度对孩子的影响最大，因此家庭体育是实现最大程度上体育教育最直接、最有效的途径之一。健美训练内容丰富多样，包括街舞健美训练、大众健身操、有氧健美训练等多种表现形式，家长完全可以参与进来与孩子一同舞蹈和表演，大大提升了运动的乐趣和运动参与感，父母的运动积极性提高，孩子在潜移默化的影响下也会逐渐产生运动兴趣，增强对体育锻炼重要性的认识，在和谐的家庭氛围中形成终身体育的意识。

（三）有利于强化家庭体育锻炼理念，巩固和谐家庭关系

新冠肺炎疫情的暴发，激发人们逐渐形成正确强身健体的观念，由于不能长时间外出运动反而产生了居家运动热情，人们前所未有的在居家隔离时期自觉参与身体锻炼，涌现出了许多像亲子运动、全家参与锻炼的温馨画面。健美训练的运动形式和氛围轻松愉快，更容易实现运动过程中的交流和集体参与，可以有效地对人们的体育意识进行重塑，主要体现在体育活动对家庭成员心理健康和精神的调适方面。健美训练可以使参与者心情愉快、精神舒畅，调节和舒缓人们面对长时间隔离中产生的不健康心理和情绪。如今疫情得到有效控制，人们逐渐开始户外运动，但家庭体育仍旧需要成为一项固定的、常态化体育运动形式，能有效促使家庭体育乃至全民健身的发展，保持家庭和谐。

三、健美训练运动在体育发展中提升策略

（一）通过媒体，扩大家庭体育的影响力和实施力

大数据时代，体育宣传是不可或缺的一个重要部分。通过正确的主流媒体的宣传，提高人们对家庭体育的认知以及在家庭体育中健美训练运动的优点。不同时期的体育宣传方式也是不同的，但增强人民体质是人们进行体育运动的初心和基石，只是新时代我们将侧重点转移到了科学体育、全民体育的视角上来，疫情的出现，更加坚定了我国发展全民体育的信心。主流媒体的宣传具有的权威性、实时性、带动性，可以有效加深人们对家庭体育的认知。

（二）健全体育制度，促进健身休闲体育产业发展

健身休闲体育产业是在社会经济以及相关服务产业发展的基础上衍生出来的。健身休闲主体产业，是利用体育健身休闲产业自身的特性生产或服务的部门，像体育健身训练业、体育比赛表演业都属于无形的非物质产品。健美训练运动作为体育健身休闲产业，应从构建良好环境和提供优质配套服务与体育体质入手，如打造专门健美训练俱乐部、专业教练针对性指导、健康咨询、休闲娱乐配套等，使健美训练朝着更加健全的方向迈进。基于现在社会物质基础丰厚，健身休闲体育也必定成为现代人类社会的新兴产业。世界卫生组织将“体育”作为一种积极生活，推动“全球积极生活运动”，使体育成为一种积极的心理状态，并成为社会保持活力的引擎。因此，在原有的基础上不断地完善体育制度，加强体育产业的发展，丰富人们的体育精神文化生活，也是全面建成小康社会的必然要求。

新冠肺炎疫情促进了人们健康生活方式的转化，提高了体育运动意识，不论是健康整体的大环境还是以家庭为单位的小环境，体育运动贯穿于人们生活中的每一个细节。增强人民体质的内涵也在不断地丰富和提升，使体育转变为更科学、具有可持续性、终身性的保证健康和良好心态的形式。

第三节　耐力训练项目

一、耐力训练概述

在提高家庭成员身体素质方面，有氧运动一直有着良好的效果，其一般包括游泳、跑步等。耐力训练是指在有氧运动的基础上，根据相关理论设计科学合理的训练方法及训练手段，来实现家庭成员综合身体素质的提高。有氧运动训练一般具有强度大、运动时间持

久的特点。在运动过程中需要保持连续性，并且在运动中要求在规定的时间内达到规定的强度，以达到提高身体能力的目的。

有氧运动的特点可以从以下几方面进行讨论。人体内最大摄入氧气强度的变化，是指在运动过程中达到自身极限时摄入的最大氧气量。一个正常成年男子最大摄入氧气量为2～3升/分，可以不断提高运动强度来使人体的最大摄氧量提高，从而提高身体能力。从训练学的角度来看，有氧运动具备明显的强度大、时间久、高负荷三种特征。在进行有氧运动时，人体损耗的不仅是糖，同时也会消耗脂肪，降低人体的体脂率，从而使人的耐力得到有效提高。在一定的时间内以一定的速度与强度进行重复、连续的运动，或者是自身重力所带来的阻力而进行的强度高、重复性训练，这些都会使人体的心率达到心率高峰范围内的最低安全值，人也会达到身体的最大氧气摄入量，从而使人体的体能与力量都能得到有效提升，这些都是有氧训练所带来的效果。

二、耐力训练的意义

（一）提升身体的体能

有氧训练不能缺乏运动强度负荷，一旦失去负荷那么将达不到训练的效果。在长期的学习生活或工作中，对于其体能有着很高的要求。在繁重的学习任务或工作中，家庭成员的体能会有大量的消耗，如果体能跟不上消耗，那么将会影响学习和工作效率。因此，家庭成员想要提高自身体能，就要在运动中承受较大的负荷。

（二）增强家庭成员的自信心

在家庭成员学习生活或工作中，良好的体能是关键，在保证充足的体能后，家庭成员会在高强度的训练中通过不断完成一个个任务来建立信心，并且长时间持续的有氧运动会磨炼家庭成员的意志，培养家庭成员的不轻易放弃的品格，同时也可以培养家庭成员的抗打击能力，使家庭成员更加坚强。

（三）培养家庭成员的自理能力

家庭成员长时间坚持有氧运动训练也有利于培养其自理能力。有氧训练的内容包括训练计划的制订、锻炼的检查、锻炼效果的评价与指导。坚持有氧运动训练的意义在于：强化家庭成员的自我锻炼能力，使其了解科学的运动训练方法，以促进家庭成员锻炼习惯的养成。应用价值：锻炼家庭成员的身体，使其身体素质提高。在家庭成员的心理方面，能够提高家庭成员的适应能力与意志力。

三、家庭成员耐力训练的要点

（一）耐力训练对家庭成员峰值最大耗氧量的影响

能够评价有氧训练的指标有很多种。但是在其中最大耗氧量指标是最为常见的，其主要作用为评价氧气传递系统的能力。最大耗氧量指标能够直接影响到家庭成员训练的体能成绩，其可以表示心肺功能的参数。拥有良好耐力的家庭成员其具有的特征为心脏较大、心室顺应性增加与可扩张心包，能够充分利用 Starling 机制来增加每次心跳输血量。但是大部分家庭成员在进行最大耗氧量数值测量时，并没有出现平台现象。因此，在目前普遍认为最大耗氧量应用峰值来评价家庭成员的有氧传递系统功能比较合适。

（二）家庭成员耐力训练的规划

家庭成员有氧训练的频率与训练时间根据科学的研究分析每周的训练次数定制为三至四次，一次训练时间为十分钟至一个半小时；以周训练次数三至四次，每次持续时间半小时到一个半小时更加有利于人体峰值最大耗氧量的提高。有氧训练持续时间为四周至一年半，但是训练计划的时间与人体峰值最大耗氧量并不成比例关系。因此有氧训练时间不是决定峰值最大耗氧量的条件。

（三）家庭成员有氧训练相关生理因素

决定家庭成员运动成绩的因素包括最大耗氧量、乳酸阈等。家庭成员的运动成绩与有氧训练和家族遗传有关。家族遗传是不可逆的因素，但是可以通过合理的训练来提高人体的适应性，从而提高身体素质。但是尽管可以提高一定的身体素质，但是就提高效果来看远不如正常人的提高程度。有一些研究认为，青少年的有氧训练效果与人体内的激素有关，其限制了心肺功能的提高空间。随着年龄的增长，人体内的各种激素都在增加，例如，睾（甾）酮、生长因子-1（IGF-1）等，从而促进心脏的健康运转，这种人体的正常成长，远远超过有氧训练带来的生理性提高。

（四）耐力训练内容丰富性

现在的年轻人普遍存在好胜心强、喜欢出风头的特点，而带有竞技、竞争性的有效比赛恰好符合青少年的心理需求。游戏与竞赛在有氧运动的训练中有着非常重要的作用。因为有氧运动训练一般具有重复性与持久性，所以在训练过程中充满枯燥。因此在有氧运动训练中穿插一些游戏比赛活动可以有效调动家庭成员的运动热情与积极性，使原本枯燥的有氧运动训练充满趣味性。训练游戏时在一种愉快的氛围中进行竞赛，在竞赛过程中寻找快乐，起到了丰富有氧运动训练的内容，活跃训练氛围，提高训练的效果。因此采用这种训练方式家庭成员不会感到反感，同样迎合了家庭成员的心理特点。例如，在有氧运动训练的长跑训练中，在过去的训练内容中就是单纯一味的跑，家庭成员会觉得既无聊又累人，因此可以变换一下训练内容，采用游戏与比赛的训练方法，在家庭成员集中训练时，将其分为四组，进行追逐接力跑。或者借助道具，利用体操棒或者实心球来进行跨步跑，这样不仅可以激发家庭成员的运动兴趣，从而调动其训练参与热情。在追逐活动中，家庭成员可以充分利用自身的灵活的特点来躲避追逐，长时间的运动中也不会觉得枯燥。

有氧耐力训练对于提高家庭成员的身体素质，有着非常明显的作用，可以看出家庭成员在训练后体能明显提升，并且不只是身体能力的增强，家庭成员的意志力也得到了提升。

第四节　力量训练项目

作为五大身体素质之一的力量素质，对于任何一项体育运动，尤其是对抗性运动项目来说，都处于极其重要的地位，往往直接决定着运动成绩的好坏，所以力量训练是日常训练中必不可少的内容。但传统的力量训练方法往往存在着脱离运动项目特点、违背提升运动成绩的运动目标、不符合运动项目中肌肉工作性质等多方面问题。

一、力量训练概念及特点

（一）力量训练的概念

力量训练是模仿专项运动的运动方式，最好是运动项目中的部分典型动作，从负重形式、关节活动所在解剖面、原动肌工作特点和肌肉工作时关节旋转情况等方面尽量相似。可通过改变负重量、辅助、改变支点的距离等方法来降低或增加训练难度，以此来适应不同人群。

在力量训练中，往往两个练习虽然是练同一块肌肉，但动作的差异却很大，其中练习动作的关节活动解剖面不同、关节的旋转方向和幅度不同、身体是站姿或坐姿等体位不同、肌肉的近端远端固定不同、身体平衡稳定程度不同等因素，都直接影响着运动项目的训练效果。比如，在引体向上运动中，手臂力量训练时经常会采用杠铃臂弯举动作，正握与反握对目标肌肉的刺激程度是不同的。由于正握使前臂旋内，对肱桡肌的刺激更多，同时与正握杠引体向上手臂肌肉发力特点存在更多“相似性”，这对引体向上的帮助会更大。在一个为期 3 个月的实验比对研究中，针对引体向上这一运动项目，采用公牛式臂弯举的实验组的破零率要高于采用杠铃臂弯举的对照组 33. 3%，这是因为公牛式臂弯举与引体向上在肩关节和肘关节活动解剖面以及手臂肌肉群协作特点上更为相似。这也印证了力量训练动作模拟专项动作的程度越高训练的效果就会越好的观点。

（二）力量训练的特点

1. 相似性特点

其包括运动形式、关节活动面的相似。运动形式是模仿运动项目中运动者整体的身体活动样式或是其中部分典型动作，是肉眼可看出的相似以及差异，是一种外显性的相似。比如在短跑项目的力量训练中的拖轮胎跑，就是在完整的跑步动作基础上施加负重，以此加强主要力量、提升短跑成绩。而关节活动面是某个运动项目中，人体各关节活动所在的平面，一般包括矢状面、冠状面和水平面。这也是一种外显性的相似，肉眼明显能看出来的。关节活动是由肌肉的收缩引起的，关节活动面的相似，则所用肌肉也是一致的。比如正手宽握引体向上中，肩关节是在冠状面内活动，所用主要肌肉有三角肌后束、背阔肌等。那么在进行这些肌肉力量训练时，尽量多采用肩关节在冠状面活动的训练方法。

2. 整体性特点

力量训练不是只针对某块肌肉孤立地进行训练，而是从整体出发，结合运动项目特点，进行多块肌肉配合协作共同产生关节活动的力量训练。任何一项运动都不是一块或几块肌肉独立工作的，而是由主动肌、辅助肌、稳定肌和拮抗肌等多块肌肉产生合力协同完成的动作，同时这些肌肉角色随着关节角度变化而随时转换。这启示我们不能简单地把各块肌肉孤立开来考虑，而是要与个人特点相结合把每块肌肉的训练方式进行辩证论证与综合运用。那么如何综合运用？如何确立多块参与肌肉之间的联系规律？简单且直接的方法就是与运动项目或其中经典动作相似。

3. 针对性特点

其主要包括针对运动项目和针对训练者。力量训练的目的是提升运动项目的运动成绩，所以与运动项目是紧密相连的，其肌肉参与种类、肌肉角色、关节活动平面和工作性质等都要针对具体的运动项目来训练，而不能“眉毛胡子一把抓”将全身的主要肌肉都进行训练。比如，体操技巧中的头手倒立主要是多块肌肉协作用力达到一个平衡状态，考验肌肉力量的平衡和稳定，那么在相应的力量训练中应多用静力性、平衡性的力量训练方法，且身体体位也应接近倒立体位。同时，针对不同的训练者，考虑到训练者的技能水平和力量水平方面的差异，通过调节负重量、改变稳定性、人为辅助等手段来选取适合的训练强度和难度。

4. 趣味性特点

由于力量训练与运动项目的相似，训练者对训练方法会感到熟悉，更容易接受，同时在保证形式相似的基础上，会根据训练者情况来降低或增加难度，这个过程中往往会利用一些有趣的器材或是辅助手段，相比于传统的杠铃、哑铃等手段是相对有趣的。比如，针对改善足球运球时身体对抗的力量训练中，在运球者的侧面由另一训练者给他一个横向的

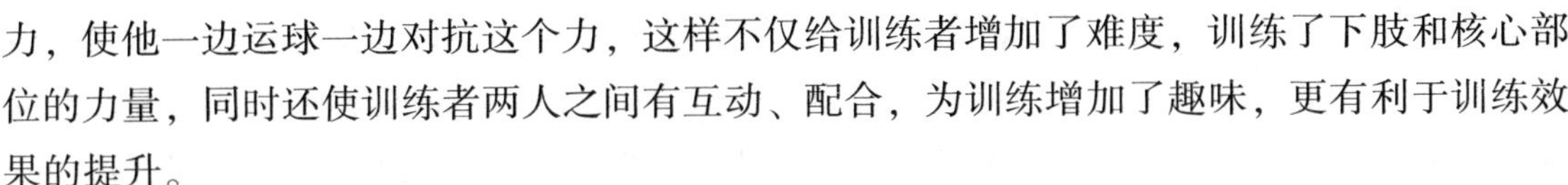

力，使他一边运球一边对抗这个力，这样不仅给训练者增加了难度，训练了下肢和核心部位的力量，同时还使训练者两人之间有互动、配合，为训练增加了趣味，更有利于训练效果的提升。

二、力量训练动作设计原则

（一）形式上与运动项目要相似

运动项目在形式上有走、跑、跳、投，有翻、转、腾、挪，有攻防对抗等。在动作设计时要尽可能保证与运动项目或者其中的典型动作相似。运动项目是向前跳跃的，那么力量训练动作也要是向前跳跃的，可以增加身体负重来提高难度，达到相应力量提升的目的；运动项目是身体对抗性的，那么力量训练动作也要通过相似的对抗形式来达到目的。比如，在针对提升篮球运动中对抗性的力量训练时，除了传统方法杠铃深蹲以外，还可以就人与人的对抗形式让训练者加以模仿，如以身体与超重沙袋对抗，既可以将沙袋推出一定角度后保持静态的力量对抗，也可以在沙袋晃动中进行正面撞击对抗，以此模拟在比赛场上为了卡位而发生的身体对抗。再如，铅球投掷项目的力量训练时，可以将杠铃杆一端固定在地面，单手抓牢另一端，然后采用与投掷铅球相似的动作来进行蹬地、转身、超越器械、投出等练习。

（二）关节活动面及扭转角度要与运动项目相似

任何运动项目都有其关节活动特点，主要关节活动面决定了参与肌肉的数量和种类。在针对加强某块肌肉能力的训练时，要使该肌肉对关节产生的活动平面与运动项目一致，尤其要特别注意能够使关节活动产生多个解剖面的肌肉（背阔肌、三角肌等）训练要与运动项目相似或一致。比如，在正手宽握杠引体向上时，背阔肌产生的关节活动是肩关节在冠状面的内收，那么在力量训练时要尽可能地选择冠状面的背阔肌训练方法，如盘腿坐姿引体向上、辅助引体向上、正手宽握颈前下拉等。而杠铃划船和哑铃划船等矢状面的训练动作便不是最好的选择了。同时，因为是正手握杠，前臂旋内的特点不可忽视，所以在力量训练时要尽可能地保持握杠方式的一致。再如，实心球正面双手投掷项目，其主要的关节——脊柱和肩关节活动都是在矢状面的，那么相应的力量训练动作轨迹也应该在矢状面，且其负重方向也要是矢状面向后的，可以是弹力带的负重模拟练习，也可以是杠铃片的负重模拟训练。

（三）肌肉角色与协作方式要与运动项目相似

肌肉角色包括主动肌、辅助肌、稳定肌和拮抗肌，它们相互配合产生合力协同完成运动动作，同时这些肌肉角色随着关节角度变化而随时转化，或是主动肌变为了辅助肌，或是稳定肌变成了辅助肌等。它们转化的类型、转化的时机、转化的程度等因素是按照运动项目特定的规律进行的，而要把控这种特定的变化规律最简单而直接的方法就是力量训练。力量训练动作与运动项目的相似性越高，其针对提升运动成绩的训练效果就会越好。比如，在肩肘倒立运动中，腹肌和腰背肌由开始时的主动肌角色转变为后来的稳定肌，而后期动作的质量和稳定则由臀部肌群、手臂肌群和核心肌群等共同配合完成。在针对该运动项目的核心力量训练时，可模仿前半段动作，即翻臀顶腰、伸腿展髋，反复用脚去触碰适合高度的标志物；也可以用弹力带等道具来增加翻臀顶腰的负重难度，以此强化目标肌肉的专项能力。

（四）肌肉工作性质及代谢特点要与运动项目相似

肌肉的工作性质包括肌力、肌耐力和爆发力等。运动项目中有的是考验快速的爆发力能力，其肌肉供能特点主要以肌肉无氧代谢为主，消耗的是肌糖原；有的是考验持续时间的肌耐力，其肌肉代谢以有氧供能为主；有的则是有氧、无氧混合供能方式。在立定跳远运动中，抛开身体协调性不谈，单看其主要肌肉的力量训练，既要关注下肢爆发力的强化，可以选择下肢运动与该项目相似的负重性跳跃训练，如杠铃负重深蹲跳或者双腿绑沙袋立定跳远练习，而轻负重多次深蹲或坐姿股四头肌伸展等训练方式便不是好的选择，还要考虑腹部肌群在矢状面快速收腿能力的强化，可以选择模仿立定跳远的后半段空中快速收腹屈髋动作，如训练者双手悬挂单杠上进行由挺身展髋到快速收腹屈髋的训练。那么，单纯的仰卧起坐或卷腹类练习动作也不是好的选择。再如针对改善篮球比赛后期因手臂乏力引起投篮命中率降低的力量训练中，应重视三角肌、肱三头肌及小臂屈腕集群的肌耐力训练，以轻负重多次数的重复性练习为主。可以选择单手持较轻哑铃在矢状面进行多次数的上举训练动作，以提升目标肌肉的肌耐力。

三、力量训练的使用范围与注意事项

从理论上讲，任何体育运动的力量训练都可以选择力量训练。其关键词是相似的而不是相同，是与运动项目整体动作或部分经典动作相似都可以，只不过相似度越高，其训练效果就越好。如果把整个运动过程当作一个“运动链”，那么一个规律且重复的动作就是这“链”中的一环，如跑步中蹬地、跨步、摆臂腾空、落地就是构成跑步运动链的一环，我们可以把这一环专门拎出来进行力量训练，负重摆臂、弹力带提膝等训练都会有明显的效果。但有些运动项目很难做到大部分的相似，因为其动作速度太快、重复动作太少、各个环节连接太紧密。比如跳远、跳高类项目，如果要采用相似度高的训练动作，那么一旦开始就必须把整个动作做完，且动作过程很短，负重方法也比较困难。这时就只能进行完整性训练，或是将其构成环节拆开来进行相似性训练。如跳远运动中，可以用腿绑沙袋来完整性训练，也可以针对起跳环节增加起跳脚力量采用负重单脚跳训练。所以，所有体育运动项目都可以用力量训练，只不过区别在于相似度有大有小。

虽然力量训练使用范围很广，但设计和指导者一定要具体问题具体分析。首先，不要盲目追求相似度。比如前文说的跳远，如果要相似度高的训练方法，那就只能完整练习。但要在此基础上加上阻力是很困难且危险的。这时只能将动作环节拆解开，做到局部相似即可。其次，针对训练者水平，设计出或采用合适的训练动作。比如头手倒立的肩撑力量训练，如果是力量训练，很多人会想到倒立。但并不是所有训练者都能够做到倒立，这就要求指导者降低难度，使训练者能够完成且具有相似性训练的特点。最后，注重人为辅助和道具保护方法的设计。为了满足训练动作的相似性，训练者往往处于不平衡、不稳定状态，这时就需要人为辅助和帮助。比如在弹力带辅助引体向上训练中，人为辅助将弹力带挂到训练者的脚尖或膝盖处，或是在人体前后晃动幅度较大时帮助稳定等。再如针对立定跳远收腹、屈髋、收腿的力量训练中，训练者可采用手吊单杠、身体悬空进行收腹收腿的力量训练，但这个动作很容易引起训练者身体前后晃动，也需要人为辅助。

关于力量训练，也许有人会认为这就是专项化力量训练，或补偿性力量训练。笔者认为，力量可以说属于前者，但不等同。第一，专项化力量训练是针对专项进行的相关肌肉力量练习，而力量训练更重视肌肉群与运动项目的关联。比如针对引体向上的背阔肌训练，杠铃划船也是专项化的训练，但它不能属于力量训练。而弹力带辅助性引体向上则属于力量训练，同时也属于专项化力量训练。第二，力量训练更具针对性。力量训练是基本符合专项运动中多块肌肉发力、协作特点与规律，是采用了联系的观点看问题。所以综上所述，力量训练是专项化力量训练、补偿性力量训练的分化，是更全面、更细致、更科学的力量训练理念，也值得更进一步的探讨。

第五节　减肥训练项目

在我国国民体质监测、群众体育调查等数据显示，随着人们生活方式的改变和国民生活水平的提高，由于体力活动不足、营养过剩造成的肥胖与超重、慢性疾病等已经成为影响公众健康的重要问题。

一、肥胖的定义及其成因

按照世界卫生组织的定义，肥胖是指由于遗传、营养过剩、缺乏运动等多种因素作用引起的慢性能量代谢障碍。肥胖是伴随着不健康的体内脂肪的增加，长期处于能量正平衡，也就是说人体吸收的卡路里超出了身体实际需要的范围。目前国际上普遍采用的的体重指数是以身高的平方除以体重，世界卫生组织的成年人体重指数判定标准中，体重指数≥25为超重，体重指数≥30 为肥胖。中国成年人体重判定标准中≥24 为超重，体重指数≥38 为肥胖。

肥胖可以分为单纯性肥胖和症候性肥胖，现在人的肥胖大多属于单纯性肥胖。有学者研究表明，肥胖者的基础代谢率高于正常人，这就说明造成肥胖的主要原因是摄食过多。但是营养素的缺乏也会导致肥胖，只是现在这种因素造成的肥胖所占比例很小。现在减肥方法有很多，例如药物、针灸、节食、脱水还有外科手术等，但综合考虑，最健康、最有效的方法，还是要改变自己的生活方式。合理的膳食，再加上体力活动，可以预防和治疗肥胖，并防止反弹。综合成一句话，就是要“管住嘴，迈开腿”。

二、以减肥为目的的体育锻炼应如何设置

（一）适合以减肥为锻炼目的的运动项目

人体内的功能系统一共分为三个：高能磷酸功能系统（ATPCP）、乳酸系统和有氧系统。其中有氧系统的供能是糖、脂肪和蛋白质在细胞内彻底氧化生成二氧化碳和水的过程中再合成 ATP 的能量系统。所以针对减肥最有效的运动方式就是有氧运动。参加体育锻炼的人由于年龄、性别、身体素质，都有所差异，在锻炼时所选择的运动项目和方式就应该有所区别。在我们日常生活中，最常见而且适合人群广泛的有氧运动有跑步、游泳、有氧操、骑车等，因为这些运动方式都比较温和且简单易行。

（二）如何设置运动强度和运动频率

一般来说做一次有氧运动要持续 30～60 分钟，以中、低强度为宜，最大吸氧量控制在 70% 以内，或者心率维持在 100～126 次/分最有利减肥。但是也不能为了效果明显而一味地拖延运动时间，因为那样会大量地产生代谢废物，机体来不及清理而造成堆积，反过来会影响身体健康，导致减肥失败。在世界卫生组织推出的全球体力活动指南中建议，5～18岁儿童青少年每天应进行 60 分中高强度的体力活动；18～65 岁成年人应进行每周 5 天，每次 30 分中等强度的体力活动或者每周 3 次，每次 20 分较高强度体力活动，再或者相当量的中高体力活动＋每周至少 2 天，8～10 组（每组 8～12 次）的肌肉力量练习；65 岁的老年人建议同成人，但要从事适合老年人运动的项目，外加柔韧性和平衡性的练习。

三、如何预防运动频率以及运动强度的回退

（一）预防行为回退的重要意义

行为回退是指个体对坚持行为改变的能力产生自我怀疑，从而放弃改变或坚持。像在运动减肥的过程当中，一段时间如果遇到瓶颈或者某一时段没有合理膳食，就会出现消极的心理，继而就可能出现运动减肥的行为回退现象。回退预防的焦点主要集中在自控能力

的维持上。简言之，凡事要持之以恒，要有自控能力，减少外界对自身的干扰，坚持自我很重要。特别是像减肥这种需要长期坚持的事，如果总是“三天打鱼两天晒网”，经常受到外界因素的影响，根本起不到健身锻炼的效果，到头来只能是“竹篮打水一场空”。制订计划很重要，但执行计划才是王道，所以想要长久地维系一种行为活动，应该着重关注个体从心理认知和行为上应对回退的能力。

（二）减肥运动中行为回退的界限

根据年龄组的不同，回退界限也不相同。5～18 岁的儿童组，原则上应该每天进行 60 分的中、高强度的运动，回退的界限为 30 分的中、高强度，运动频率为每周至少 4 次；18～65 岁的成年人，在世界卫生组织推出的全球体力活动指南中给出的运动标准比较活泛，有三种可供选择，所以回退标准就是指南要求；65 岁以上的老年人，标准跟成年人一样，但是在运动过程中，老年人更要注意运动项目的选择，以缓和型的运动项目为主。目前为止对成功减肥的标准为减掉体重的至少 5% 以上而且保持时间为至少一年，反之如果不能则被视为减肥失败。

（三）在运动减肥的过程当中如何有效地预防运动回退

1. 正确全面认知肥胖带来的危害

1977 年，世界卫生组织已经正式宣布肥胖是一种疾病。对人的生理心里都有不同程度的危害。由于体重过重，会导致人的骨关节损伤、心脏的负荷增加、内分泌功能紊乱、免疫系统能力下降等。而且肥胖的身形会造成不同程度的自卑、抑郁，同时社会适应能力变差、社会被接受性变低等社会心理问题。更重要的是超重与肥胖是导致过早死亡和许多慢性疾病的主要风险，而且会降低人们整个生活质量。有研究表明，肥胖者患高血压的风险增加约 400%，患Ⅱ型糖尿病和胆囊疾病的风险增加约 350%，患冠心病和骨关节炎的风险增加约 200%，此外中风、过早死亡、结肠癌、绝经后乳腺癌的罹患风险也会增加 25%～50%。所以正确建立对肥胖危害的认识，树立减肥的信念，增加成功的概率，减小行为回退的风险。

2. 合理设置目标并且根据具体发生事件合理调整运动计划

刚开始要合理设置阶段性的行为目标，设置的体育锻炼方案不能太苛刻，如果一味抱着不成功便成仁的心态，会增加自己情感上的压力，规则越严厉，完成的可能性就越低。在遇到其他干扰因素时，行为回退风险就会增加，所以很难长期坚持。在体育锻炼方案实施过程中如果与个体其他事情冲突，要有弹性的处理，做好自己的时间管理，减少锻炼过程中的障碍，例如在假期或者受伤以后，可以采取其他活动来替代原来的体育锻炼活动，有计划地主动预防锻炼回退。另外树立自信也是非常重要的一环，要经常鼓励自己，看到自己的进步，适当的放松训练也可以帮助你预防回退行为。

在对肥胖的危害有了全面的认知以后，还要强化运动有益健康的理念。在 21 世纪这个信息化的时代，各种电子产品，加快了人们交流和信息流通的速度，但是人们久坐的现象也越来越严重，久坐不仅容易导致身体素质下降、易造成肥胖，而且上班族学生族因久坐而出现的肩颈疾病比例也越来越大，所以要弱化对静坐少动行为积极效果的预期。

3. 让积极活跃的体育锻炼成为一种生活方式

如果让一个人以牺牲自己想要做的事情为代价而去做他应该做的事情，这个时候个体往往会有被束缚的感觉，而此时想要做的事情的意念会更强烈，放纵自己的愿望就会增加。我们平时生活方式的失衡，最主要的原因也就是应该做的事情优先于想要做的事情。正因为如此，如果在我们减肥的过程当中能让体育锻炼成为一种积极活跃的生活方式，继而成为我们生活的一部分，成为我们的习惯，成为我们想要做的事，这就从源头上降低了我们回退行为的风险。但是习惯的养成，也并非一朝一夕之事，专家的研究发现，21 天以上的重复会形成习惯，85 天的重复会形成稳定的习惯。在形成稳定的这个习惯以后他就会成为你生命中的一个有机组成部分，自然而然地不停为你“效劳”。为了自己的身体健康，坚持体育锻炼，它一定会变成你的信念。

造成肥胖的因素有很多，在科技高度发达的今天减肥的方法当然也是多种多样。但是综合考量，以有氧运动结合合理膳食为切入点的健康教育和健康促进成为目前生活方式干预中最为积极的部分。现在超重和肥胖已经成为全球性的流行病，几乎影响了所有年龄、性别、种族和社会经济群体，而且更重要的是历年来呈逐年增长的趋势。持之以恒，坚持运动，甩掉赘肉，还我健康体魄，任重而道远。

第六节　养生训练项目

传统体育养生就是将呼吸、意念结合在一起的身体锻炼，以达到养生目的的体育运动方法。《吕氏春秋》记载“流水不腐，户枢不蠹”，自古以来人们就明白生命在于运动的道理，从华佗创编的《五禽戏》，到后来各个派别的太极拳，传统体育养生的方法一直流传至今、经久不衰。

营养主要包括摄取、养生。早在《黄帝内经》中就提到“食养”一词，我国传统养生在“食养”方面主要有四点：重卫生、定时量、简饮食、重宜忌。西方的营养是指人体消化吸收利用食物或营养物质的过程，也是人类从外界获取食物满足自身生理需要的过程。

一、功法强度与营养安排

传统体育养生中，功法的种类数不胜数，自然强度也不尽相同，例如，打坐、桩功、拉伸、行功。对于不同强度的功法练习，营养搭配自然也不相同。如“导引养生功—育真补元功”，该功法有助于肾功能的调理，动作多是折腰、蹲膝，虽说动作柔缓，但强度相对较大，每次练习都会出大量的汗液，从而身体大量的水分与无机盐流失，这就要求习练者在练习完毕后及时补充水分；另外，中医讲，肾主水液，若肾功能受损，必定影响身体中的水液循环，所以肾功能受损者可在练习过程中口含酸味食物，如山楂等，以免口干舌燥。

二、功法类别与营养安排

体育养生功法分为静功和动功，在练习不同功法时，对营养的摄入也不相同。例如，在进行桩功练习时，要求身体放松、心神宁静、旁无杂念、意守丹田。此时我们的副交感神经起到非常重要的作用，它会引起我们心跳减慢，降低呼吸频率和血压以及肌肉的紧张度，从而使身体放松。温热的牛奶向来就有镇静、缓和情绪的作用，所以练习前可以摄入一些牛奶；此外，维生素 B_2 可以帮助我们平衡神经中枢，让我们安静下来，所以练习者还可以吃一些葵花子。而在进行动功练习时，相对于静功会消耗更多的能量，所以，可适量吃一些含糖量较高的食物，如香蕉，以补充糖分。

三、功法功理与营养安排

功法不同自然功理不同，而营养的安排，若配合上功法功理，效果定会更加显著。如“导引养生功—舒心平血功”，它是针对心血管疾病的经络导引动功，有舒缓心脏，平调血液的作用。功法通过大量的旋臂动作，可刺激心经，从而有益于心脏；此外，屈肘的动作可舒心益肺，《黄帝内经》里讲：心肺有邪，其气留与两肘。意思就是心肺的不正之气都滞留在两肘窝里，而活动手肘，可以将邪气祛除，从而通畅心经，气血贯通；折腕动作可以刺激心经原穴“神门”，从而改善心经气血。

《黄帝内经》里讲：心，在色为赤，在味为苦。意思就是红色食物、苦味食物都可以养心，所以练习者可以吃一些红枣、苦瓜等以益于心脏；练习时，可以适当吃一些坚果，坚果中都含有大量的欧米茄-3 脂肪酸和不饱和脂肪，对心脏有很好的保护作用；此外，还可以多吃一些苹果。苹果是心脏病患者的健康水果，它不含胆固醇和钠，常吃苹果的人，血中胆固醇含量较低，从而降低了心脏病的发病概率。中医认为，心与小肠相互对应，所以在练习该功法时，虽然强调改善心功能，但是间接地也给小肠带来益处。小肠负责营养的吸收，所以在练习前最好吃一些易消化的食物。

四、体育养生锻炼与饮食时间安排

人在空腹时，体内的血糖处于一个较低的数值，若在低血糖的情况下进行体育养生锻炼，由于糖消耗的过多，极易引发昏厥；进食后，血液大量集中在消化系统中，若此时进行锻炼，血液则会更多地被分配到四肢当中，从而减缓了消化系统的作用，导致食物滞留胃内时间过长，引发胃痛。如《健身气功·八段锦》中“摇头摆尾去心火”一式，整个练习过程都要求练习者保持马步，充分刺激腿部肌肉，使腿部肌肉供血量增加，若在进食后立刻练习这一动作，则会对消化系统有严重的影响。一般在饭后超过 40 分钟时练习较好，练习前摄取的食物，可动员血液中的氨基酸以增强体格，到运动后的恢复期时已消化吸收的营养才能被更好地利用。

参考文献

[1] 盛明科. 中国政府绩效评估研究的现状与学术影响力评估——基于 CSSCI 期刊论文数据 [J]. 甘肃社会科学，2013 (2)：63 –67.

[2] 叶展红. 关于开展家庭体育的构想 [J]. 广州体育学院学报，1999，19 (2)：3 –5.

[3] 张永保，田雨普，等. "家庭体育" 新释义 [J]. 北京体育大学学报，2010，33 (6)：9 –12.

[4] 蔡传明，黄衍存，等. 现代家庭体育的社会学分析 [J]. 福建体育科技，2001 (6)：1 –3，10.

[5] 刘江南，周在平，刘永东，等. 穗、深、港家庭体育的比较研究 [J]. 体育科学，1999，19 (4)：3 –5.

[6] 陈济川. 家庭体育——实现全民健身运动可持续发展的落脚点 [J]. 成都体育学院学报，2005，31 (2)：51 –53.

[7] 高瞻，焦友吉，等. 对我国发展家庭体育的意义的思考 [J]. 首都体育学院学报，2004，16 (4)：49 –50.

[8] 周传志. 武汉市家庭体育现状与发展建议 [J]. 北京体育大学学报，2003，26 (2)：162 –163，194.

[9] 张燕中，王静，等. 我国城市化进程与家庭体育发展的探讨 [J]. 首都体育学院学报，2003，15 (3)：7 –9.

[10] 李小进，张永保，等. 论我国家庭体育的发展 [J]. 体育文化导刊，2012 (3)：32 –35.

[11] 袁益民. 城市家庭体育活动形式的调查 [J]. 南京体育学院学报，2001 (5)：125 –126.

[12] 陈仁骥. 西安市五所学校高中生家庭体育现状及促进策略研究 [D]. 西安：西安体育学院硕士学位论文，2019.

[13] 王琦. 沈阳市城区家庭体育开展现状及对策研究 [D]. 长春：吉林大学硕士学位论文，2018.

[14] 周芳. 南昌市初中生家庭体育开展现状及对策研究 [D]. 南昌：江西财经大学

硕士学位论文，2018.
[15] 徐杰. 健康中国视域下家庭体育的困境与机遇 [J]. 当代体育科技，2017，7（19）：173-175.
[16] 宋正义，宋丽维，等. 济宁市青少年家庭体育开展现状调查与分析 [J]. 济宁学院学报，2016，37（6）：64-68.
[17] 钱立宏. 上海市城区家庭体育现状与对策的研究 [J]. 内江科技，2014，35（11）：89-90.
[18] 张丁月. 城乡一体化进程中成都市城镇家庭体育现状分析 [J]. 四川体育科学，2013，32（1）：98-101.
[19] 张国胜. 河南省城市居民家庭体育现状调查研究 [J]. 贵州师范学院学报，2011，27（9）：62-65.
[20] 巩琳. 山东省威海市城市居民家庭体育消费结构的研究 [J]. 运动，2016（24）：140-141.
[21] 张斌，冯大志，等. 家庭体育消费相关因素的实证分析 [J]. 中国乡镇企业会计，2015（1）：177-178.
[22] 赵胜国，金涛，等. 中小城市不同规模家庭体育消费的特征 [J]. 上海体育学院学报，2014，38（6）：43-47，53.
[23] 于益民. 对我国城市家庭体育消费现状及对策的研究探讨 [J]. 体育世界（下旬刊），2013（7）：5-6.
[24] 韩改玲，杜祥居，朱春山，等. 河南省新乡市高校体育教师家庭体育消费现状调查研究 [J]. 搏击（体育论坛），2011，3（4）：19-20.
[25] 刘朝霞. 格式化视阈下中国家庭体育教育问题研究 [J]. 四川体育科学，2016，35（6）：101-104.
[26] 陈子霞，迟建伟，褚洪雷，等. 厦门市初中生家庭体育教育现状与学校干预对策研究 [J]. 福建体育科技，2018，37（4）：50-55.
[27] 张伟民. 家庭体育教育对中小学生体质健康的影响与对策研究 [J]. 当代体育科技，2018，8（23）：186-189.
[28] 王燕，何平香，等. 我国城市家庭体育教育的阶层分化——以上海城市居民为例 [J]. 北京体育大学学报，2016，39（12）：88-92，98.
[29] 周遵琴，曾艳，胡泽武，等. 毕节市中小学生家庭体育教育现状调查研究 [J]. 毕节学院学报，2014，32（5）：120-125.
[30] 吕艳玲，谭琳，等. 论青奥背景下的家庭体育教育 [J]. 吉林体育学院学报，

2013，29（1）：48－50.

［31］吴旭东. 家庭体育教育是加强儿童青少年体育的重要基础和途径［J］. 四川教育学院学报，2012，28（8）：120－124.

［32］武昌桥，张永保，等. 小学生家庭体育教育现状调查与分析［J］. 四川体育科学，2011（2）：128－130.